Beat Jäggi   Em Liecht entgäge

Beat Jäggi

Em Liecht entgäge

Advänts- und Wiehnachtsgschichte
zum Vorläse

Habegger

Inhalt

Em Liecht entgäge!. 7

Der Barbara-Zwyg 23

Em Urs sy Wiehnachtsängel 31

Wie der Möösli-Brächt gmurbet het 39

S Muulgygeli 51

«Uns zu versühnen» 63

Der Rosenöpfelboum 75

S Chrischtchind 87

Der Guldhamschter 103

Em Liecht entgäge!

Uf en Obe hi het der Wind umgschlage. Grossi, nassi Schneeflocke si z drohle cho. I Zyt von ere Stund isch e schwäri, wyssi Decki uf de wyte Matte gläge. Und s isch eim gsi, d Ahornböim um d Strofanstalt Erlemoos ume föien afo stöhne.

By de Sibne dure si vo de abglägne Hüüsere här jungi Vätter und Müeter mit ihrne Chinder dure Schnee dure z stampfe cho. Nom ene schöne alte Bruuch hei sie ou dasmol wider a d Wiehnachtsfyr i d Anstalt dürfe goh, wo gäng so zwe drei Tag vor em Heiligobe für d Wärter und ihri Familie agseit worden isch. Die vile schwache Liechter vo de vergitterte Zällefänschter här hei a däm Obe ganz andersch zündet; s het eim welle schyne, ou dört hinde dra, wo so mängs verpfuschets Läbe wider vo vorne muess afoh, syg öppis wie luutere Wiehnachtsfriden im Wärde . . .

I der wunderschön belüüchtete Kapällen obe hei ou es paar Sträflinge Platz gnoh gha, für de Wärterfamilie mit Lieder und Musigvorträg Fröid z mache.

Eine dervo isch im Gygespilen e Meischter gsi. Er het so vo Härze chönne musiziere, ass d Frouen und d Chind ganz vergässe hei, wär eigetlig do vor ane stoht. Alli hei nume no die schöni fyni Mozartmusig ghört, und der Sträfling sälber het der Aschyn gmacht, er chönn sech sy ganz Chummer vo der Seel spile. Syni Ouge hei öppemol regelrächt gfunklet über die vile Lüt ewäg. Der Glanz isch no heiterer worde, wenn sy Blick uf der Chindersyten isch blybe chläbe. Und erscht, wo die Chlyne ihri Värsli ufgseit hei, so früsch us eme unschuldige Härzli use, isch der Gygespiler uf ene Wäg sälig gsi und glych wider im Innerschten inne gschlage. Ou är isch e Vatter gsi vo drü so Würmlige, wo mit ihrer Mueter bitter hei müesse lyde drunder, wyl er s Gsetz broche het. Bürgschafte und s Outofahre hei ne vor eme Johr z Bode brocht. Der Verdienscht as Buechhalter muess em ebe nümme glängt ha und s Änd vom Lied: Gäld, wo eim nit ghört! D Versuechig uf der Amtskasse nide, won er syt nochzue acht Johre d Buechhaltig gfüehrt het, z gross! . . .

s Gricht het ne hert apackt mit ere Strof vo 2 Johre. — Mit de beschte Vorsätze isch er dozmol i d Strofanstalt Erlemoos yträtte. Abbüesse, guetmache und nochhär nume no für sy liebi Familie do sy! . . . s Vertroue vom Diräkter Egger het er vo Afang a gwunne gha. He jo, däm isch ou eis klar gsi, ass ihm do eine zuegwise worden isch, wo chuum no einisch wird näbenusetrampe . . .

Item, der Werner Kummer, wie der Gygespiler gheisse het, isch dur vili Monet dure uf ene Wäg nöi gmodlet worde. D Strof sälber het er tapfer treit, und syni guete Vorsätz si fescht blibe. Numen öppis isch em i de länge Nächte grüüsli bitter und uheimelig vorcho, wie sy armi plogeti Frou mit de unschuldige Chind derdur muess. Tüüflisch müesse d Lüt im Dorf gsi sy. Fascht i jedem Brief, won er vo syner Frou übercho het, isch gstande:

«Es wäre alles noch einigermassen zu ertragen, wenn die Menschen nur nicht so pharisäerhaft wären mir gegenüber. Man meidet mich, man zeigt auf mich. So bin ich täglich verächtlichen Blicken ausgesetzt.»

Gägen alls das het si der Sträfling ebe nit chönne wehre. Do isch ihm klar worde, wie me Fessle muess träge, wo me nit wäg bringt.

Item, a dere Wiehnachtsfyr vo de Wärter mit ihrne Frouen und Chind hets für zwo Stund öppis gäh wien es gnädigs Vergässe. Säge mer für hüt es churzes Ufschnuufe. Erscht im Bett si die alte uheimelige Bilder wider uftoucht, wo em Sträfling so mängisch der Glouben a d Mönsche gnoh hei. Ungfelligerwys chunnt mörnderisch wider e Brief vo syner Frou, wo us eme töifen Eländ usegschribe worden isch. D Lüt syge i de letschte Tagen eifach nümmen uszstoh. Es syg grad, wie wenn die heiligi Zyt em Böse grüeft hätti. Am Sunndig syg e Tanten uf Bsuech cho und heig ere gmoralet, es chöm jo doch nie meh guet mit däm, wo ygspehrt syg. De Chinde z lieb sell sie mit däm Zuchthüüsler nüt meh z tue ha, dä sell no der Strof uswanderen über s grosse Wasser . . .

Wenn so öppis eme Gfangene, wo süscht scho agschlage gnue isch, fascht s Härz zum Lyb us trybt, muess me si nit verwundere. D Tagen um d Wiehnachten ume si i de Anstalte süscht scho nie liecht gsi . . .

Dä, wo am Obe vorhär no sy ganzi nöji Hoffnig uf nes schöners Läbe is Gygespil ynegleit het, isch i der Seel inne zämebroche. Chuum dra z dänke, ass do no nes Wiehnachtsliecht chönnt azündet wärde.

Grösser as s Beduure mit Frou und Chind isch eismols der Hass worde uf alls was mit em Wort Mönsch zämehanget. Eh, was doch so dur nes Hirni dure goht, wenn d Verzwyflig rupft und fascht keini Gränze meh bchönnt! . . .

Chalte Schweiss vor Wuet, s ganzen Eländ, zämegschlagni Brugge! . . . Cha do öpper no ane gueti Nacht dänke in ere verriglete Zällen inne? S erscht Mol syt mänger Wuche wider si zwöi Ougen e gschlagni Nacht speerwyt offe blibe. Vo Schlof kei Red, mit em beschte Wille nit . . . Uf em Nachttischli en uspackti Rasierklinge, en agfangne Brief a d Frou bymene schytere Cherzestümpli zue:

« . . . es geht nicht mehr, ich gebe mich auf. Ich hasse die Welt, und die Welt hasst mich.» . . . Zwüschen yne wider paar verhakketi Wuetusbrüch:

«Nei, i tue dene, wo mi wei z Bode ha, der Gfalle nit. Jetz muess i d Frou und myni Chind gseh!» . . .

E unsäligi Nacht für zu der Huut uuszfahre! Ei Kampf zwüsche Läbe und Tod, Glouben und Verzwyflig! Um d Strofanstalt ume fascht en uheimeligi Stilli, keis Lüftli, gar nüt isch z ghöre, nume jedi Stund die schwäre Schritt vom Nachtwächter Meyer, wo sy Rundi macht. Wumm! . . . Wumm! . . . Wumm! . . . Wumm! . . .

Der Diräkter Egger und d Wärter hei am Morge gar nit gwahret, ass der Sträfling Kummer ganz verhürschtet dur e läng Gang a sy Arbet gangen isch i der Anstaltsbibliothek obe. Me het em jo so dur all Böde dure trouet und ne doch nie kontrolliert; bloss am Oben, öb er i der Zälle syg. Es fründligs «Guet Nacht!» vom Gang här vo däm, wo het müesse bschlüüsse, und ebe sones fründligs «Danke glychfalls!» vo innen use isch vo jedem Tag s letschte gsi . . .

Am Heiligobe het der Wärter Grütter vergäben e Tafele Schoggela i der Chitteltäsche nohtreit, für sie am Kummer bym Guetnachtsägen i d Hand z drücke. D Zälle hundertsächsezwänzg isch läär blibe. Dä, wo dry ghört hätt, wyt und breit nienen ume! E grossi Ufregig! . . . Es git Alarm! . . .

«Waas, der Kummer isch nit dinne!» . . .

«Jo, dä üebt doch i der Kapällen obe für morn uf der Gyge!» . . .

Alls Gueten isch dänkt worde von em, nume nüt Ungrads. Und doch, . . . dä Sträfling, wo s blinde Vertroue vom Diräkter bis zum jüngschte Praktikant abe gha het, isch scho syt de Nüünen am Morge nümmen i der Anstalt gsi! — Er het die graue tote Muure und d Gitter zäntume nümmen usgstande, wyl er si nit het chönne wehre gäge die dussen im freie Läbe.

Öppis wien e Churzschluss! . . . nume no ei Gedanke: «My Frou, myni Chind!» . . . Wyls der ganz Tag i eim yne gschneit het, ischs bös gsi, am Obe dusse no welle goh ne Spur sueche.

Uf syner ganze Flucht isch der Durebrönner wyter und wyter tribe worde. Es agschossnigs Wild isch nüt gsi dergäge! Dur Birkewäldli dure, über Stacheldröht übere, dur Brombeerigstrüüch dure, über gfrorni Bächli übere, alls mit Verachtig für das, was Läben isch! . . . Verblüeteti, ufgrissni Händ, gfrorni Hosebei und Füess wie Yschchlötz! . . . Das isch alls die usseri Schale gsi um ne verzwyfleti Seel und um nes verbitterets Härz ume. Bis

12

jetz isch alls grote. Niene wär e Landjeger oder öpper Verdächtigs im Wäg gstande . . . Wyt ähne, hinder cherzegrade Pappeleböim het es Chilezyt viermol gschlage . . . Nomittag am Vieri! . . . Heilig Obe! Tuusig und abertuusig Mönsche in ere luutere Fröid ufs schönschte Fescht. Friden i der wyte unschuldige wysse Landschaft. Nit dra z dänke, ass do eine vom Hass und mit Verachtig für d Mönsche im Wätter umetribe wird, ohni der Wäg z bchönne, verirret! . . .

D Müedi i de Glideren isch langsam unbarmhärzig worde. Wo wyter d Chraft härnäh nach ere Nacht ohni Schlof und mit eme usghungerete Mage? . . . Aber ebe, lieber no eländ verfrüüren und alls vergässe chönne, weder wyter Fessle, bundni Händ ha und si gäge nüt chönne wehre.

Derwylen isch e grüüslige Schneesturm losgange. Do und dört chlöpft e murbe Tannegibel im ene wildfrömde Wald. Ufs Mol, was isch das? . . . En unghüüre Lärme, Ross rüchele, e Geisle chlöpft zwöi-, drümol, es gixet, es chrachet und dur ne schmale Wäg chöme zwöi Ross i häle Sätze derhär, e Wage mit Wedele hinde dra, wo überdrohlet, . . . ou e Flucht! Der Kummer, wo Wachtmeischter gsi isch by der Artillerie, rysst si zäme, und es grotet em, die verschüüchte Ross z stelle. Hinde dry chunnt der Fuehrme fascht uf allne

Viere derhär z chychen und z flueche. S einte Bei wott nit so rächt, er bysst uf d Zähn. D Ross stöh still und tüe kei Wank meh, öppen e chly rüchele jo . . . Der Frömd hilft em Fuehrme d Wedelen uflade. Alls isch mit Schyn wider im Blei.

«Chani däm Ma öppis tue, wo do so flott myni Göil gstallet und ghulfe het?» . . .

«Isch si nit der Wärt», chychet der Kummer, «s isch gärn gscheh!» . . .

Derby schynt er sälber fascht am ene Rumpf z sy.

Der Fuehrme gwahret, wyls ghörig afot nachte, nit, ass dä, wo vor an em stoht, gspässigi Chleider treit.

«Chönnet ryte bis ussen a Wald! . . . Hokket ufen ufs Fueder, strecket d Bei chly under d Rossdechi, heit jo ou nüt Vürigs mit der Wärmi!» . . .

Der Frömd loht si loh trybe. Das bitzeli Wille isch ufbruucht, won e dure ganz Tag uf syner Flucht no treit het. Ussen am Wald wott er em Fuehrme guet Nacht säge.

Dä nimmt nen aber am Arm: «Nüt do vo wyters goh, lueget, üse Hof stoht jo grad by sälbem Chahrwäg hinde, chuum e Büchseschutz wyt . . . My Frou muess ech e heisse Gaffee mache mit Güx drinne. I tues nit andersch, heit mer e grosse Dienscht to!» . . .

Gspässig, der Kummer dänkt im Momänt

14

gar nümme dra, ass er jo uf der Flucht isch. Aber ebe, der ganz Tag nüt Warms im Mage, usghungeret, . . . oheie, hei, do bruuchts de bis zletscht weni, vo guethärzige Mönsche doch öppis aznäh, wo gar kei Ahnig hei, wär vor ane stoht.

Scho bym Zuefahren i Hof am Chahrwäg rüeft der Fuehrme: «Mueter, mach e heisse Gaffee zwäg, i bringe no öpper mit, e guete Hälfer!» . . .

Im Umeluege stoht der Werner Kummer in ere heimelige, warme Buurestuben inne. Es schmöckt no Bäreläbchueche. Im Zimmer näbedra ghört me Chinderstimme. Bym Fänschter vore stoht e prächtige Chrischtboum. Heiligobe! . . .

Dä Frömd isch zmitts in e Famili yne grote, wo i der Vorfröid ufs schönschte Fescht vom Johr steckt. Jetz gwahret er ou, ass däm, wone mit heignoh het, nit e gwöhnlige Cholderifuehrmen isch, nei, der jung Meischter vom Waldegghof sälber.

Scho stoht e grossbüüchleti, bruuni Channen ufem Tisch. O, wider einisch rächte Gaffee, derzue ne ganzi Platte Änischräbeli, Mailänderli, Zimmetstärne! Der Gascht het e gsägneten Appetit. Aber uufluege darf er chuum rächt. Sy Aleggi muess ne doch verrote öbs lang goht. Vilicht wird er zäntume gsuecht, vilicht isch er do in e Falle grote,

15

vilicht, . . . vilicht . . . Jetz gspürt er eismols, ass er jo nümmen i das Läben yne passt, wo ihm do by brave, guete Lüte für ne Momänt gschänkt wird . . .

Was het er die letschti Nacht bym armsälige Cherzeliecht i syner Zälle gschribe: «Ich hasse die Welt, und die Welt hasst mich!» . . . s erscht Mol syt mängem Monet wider goht i ihm innen es chlys Liecht uuf, ass me nit alls, was Mönsch isch, darf verwünsche. Uf ene Wäg duuren e die Waldegglüt, wo jo so seeleguet si zuen em, jo, im ene blinde Vertroue ihm die warmi Stuben uuftüe, ohni die gringschti Ahnig zha, ass jo do eine Gascht isch, wo hinder Schloss und Rigel ghört.

Derwyle goht d Türen uuf. Vom Näbestübli chöme d Chind zahm und mit eme Härzli voll guldigi Wiehnachtsfröid zu der Mueter: «Wenn zünde mer s Böimli a?» . . .

«Gly, gly», lächlet ne d Mueter zue . . .

Der Frömd stoht uuf: «I muess wyters, ha no ne länge Wäg vor amer, Vergältsgott für alls!»

«I ha z danke», git em der Waldegghöfer ume. «Ohni euch wäri schön i der Tinte gsi hüt z Obe. Chan ech süscht no mit öppisem e Gfalle tue? Wenn i froge darf, göhter uf d Arbeitssuechi, oder syter, eeehm, uf em Heiwäg?» . . . Das alls macht der Kummer usicher. Er stagglet scho meh öppis zäme, wo weder Händ no Füess het. Zbegryfe vo eim, wo scho mol i bessere Schuehne gstanden isch. Er muess allwäg mit syne Bartstuffle und im kurlige Chleid scho meh als Zigüner ohni feschts Hei uusgseh ha. Der gwüssnig Ehrgyz, wo inem innen erwachet, und d Angscht vor der Falle löh nem kei Rueh meh i der Waldeggstuben inn . . . Närvös und eismols wie verrote drückt er de Meischterlüte d Hand: «Schöni Wiehnachte de, i muess . . .»

Scho stoht er im feischtere Gang usse, er weiss nit wie. De Chind het er d Hand nümme dürfe gäh, s hätt ne süscht verrisse. —

Gottlob wider dusse, de Mönsche us den Ouge, über ihm e schwarze Nachthimmel! . . . Allpot flügen em früschi Schneeflocken is Gsicht. Er het kei Ahnig won er isch, öb wyt vo der Strofanstalt ewägg oder no noch derby. Chunschtstück, we me däwäg im Zickzack umegstopfet isch und meh as einisch wider uf em glyche Waldwäg die eigne Spure atroffe het . . .

Heiligobe ohni es Dach überem Chopf! Arm wie der Josef z Bethlehem, wo vor bald zwöituusig Johre ou es Gliger het müesse goh sueche, numen ebe mit eme bessere Gwüsse! — Die warmi Stube und die guetmeinige Lüt im Waldegghof hei der Durebrönner uf ene Wäg wider zum Verstand brocht. Jetz gseht er afangen es bitzeli über sy dumm Churzschluss uus. Es foht ne a röjie, ass er däwäg der Diräkter Egger hinders Liecht gfüehrt het. Me isch nume z guet gsi mit em i der Strofanstalt. Im Ougeblick chönnt er sech d Hoor usem Chopf rysse. Dütlig foht er a ygseh, ass er em Diräkter und de Wärter die ganzi Wiehnacht verdorbe het. Sie wärde ne zäntume sueche und i alli Böden yne verwünsche. Nume z dütlig weiss er, was das für alli bedütet, wenn e Ströfling durebrönnt.

«I elände, truurige Feigling ghöre zrugg hinder d Gitter! . . . Was hani myner Frou und de Chinde für ne Dienscht to, e keine! Mir sälber no der schlächter!» . . .

Do stoht er jetz zmitts in ere unschuldige, wysse, verschneite Wält usse.

«Isch sie so schlächt, ass me sie muess hasse?» . . . Muess nit är a die eigni Bruscht chlopfe und es demüetigs «Mea Culpa» (sälber gschuld) über die ufgsprungne Lippe loh fahre? Er chunnt si ganz verlore vor i deren ändlose Wyti, i deren uheimelige Stilli . . .

Immer lüter, immer dütliger hämmeret sys Gwüsse: «Gang stell di, ryss di zäme! . . . Rett de Wärter ihri Wiehnachte no, wenn es Fünkli Chrischtegloube hesch i der inn!» . . .

E nöjie Kampf muess er mitem sälber uusfächte. E früschi, ybrocheti Suppe muess ume uusglöffelet wärde. — Gägem Wald zue getrout er si nümme, em nöchschte Dorf zue mag er nit. Er möcht nümme vo der Polizei abgfasset wärde wie vor eme Johr . . . Einisch im Läbe, nie meh! . . . Aber ebe, wie no der Räschte vom hütige Heiligobe rette für die, wo wägen ihm vilicht nöime müesse dusse stoh, früren und verzichte? Er louft hin und här. Vo wyt hinderem Wald ghört me Nüni schloh. Zu wäm chan er i syner letschte Verzwyflig? Wär streckt em d Hand entgäge? Wär zündet? Der Waldegghof wär jo chuum e Kilometer vo do. Für dä, wo bitter mit sym eigne Hämpfeli Mönsch kämpft, vilicht doch no d Rettig. Es schwachs Liecht zündet em us eme Fänschter entgäge. Aber wenn er jetz dört gieng goh chlopfe, wär dene Lüt d Wiehnacht ou verdorbe.

S isch nümmen ihn sälber, wo ne trybt, . . . vo der Landstross uf e Chahrwäg, halt *doch* wider em Waldegghof zue, em schwache Liecht entgäge! . . .

Scho stoht er underem Vordach, für allwäg no s Gschydschte z mache nom ene eländ verpfuschete Tag. — Der Meischter chunnt grad mit der Latärne vom Rosstahl här. Er isch no goh über Nacht zünde.

«Jä, was, dir syt wider umecho! Gället, s isch ech doch z strub worde hüt z Obe. Worum heiter nit gredt. Mir hätte no guet Platz gha für öpper meh bym Chrischtboum zue. D Chind si derwyle goh schlofe. Chömet yne, my Frou wird luege! Mit hei scho non es läärs Chnächtebett im Eschtrigzimmer obe!» . . .

Vor dreine Stunde hätt allwäg der Kummer nit so offehärzig chönnen uspacke wie jetz. Syt denn isch er drum jetz z grächtem nüechter worde.

«Loset, Meischter vo der Waldegg, i bi nit wärt, hüt z Nacht no wyter eui Güeti uusznutze. Wenn dir mir no ei Gfalle weit tue, so prichtet doch der Polizei, sie selle mi cho reiche. I ghöre nit zu so rächte und guete Lüte wie dir syt. My Platz isch no für nes Johr i der Strofanstalt Erlemoos. So sänkrächte Manne wie dir syt, chani nüt anders as die luuteri Wohret säge!» . . .

Der Waldegghöfer muess si gwüss im Momänt am Türpfoschte ha. Aber är isch e dezidierte Ma.

«Chömet einewäg yne a d Heiteri, syt jo hüt scho einisch dinne gsi. Mir zwe wärde nand sicher verstoh.»

Uf der obere Chouscht hets none halbe Hafe voll heisse Tee gha. D Meischteri isch nit emol so grüüsli erchlüpft. Fryli hets ere ums Merke chly dötterlet im Härzgrüebli nide. Aber sie, mit ihrem guete Gspüri, isch gly so wyt gsi, für z gseh, ass do nit e bösartige Verbrächer, nei, meh e plogte junge Ma am Tisch huuret, wo us ere Verzwyflig use e Chetti Dummheite agreiset het . . .

Der Waldegghöfer het nüt welle wüsse vo Polizei. I der heilige Nacht dürfe me eine, wo dur truurigi Umständ uf Abwäge cho syg, nit grad loh chettele, es gäb non e andere Wäg.

Der Kummer muess nit weni stuune, won em der Meischter und d Frou erkläre, ass er numen öppe so by füfzäh Kilometer vo der Strofanstalt ewägg syg.

«Do tuet me doch ringer grad dört häre prichte», meint der Waldeggler.

Und dä, wo i de letschte Tage kei guete Fade meh a de Mönsche gloh het, darf erläbe, wie gueti Lüt ihm zwäghälfe und em Stei us em Wäg ruume, ohni es grosses Wäse druus z mache . . .

Uf die Ölfi fahrt es Outo der Charwäg y, der Waldegg zue. Drei jungi flotti Wärter vo der Strofanstalt stygen uus für der Kummer goh z reiche. Nit ei Vorwurf, nit eis ungrads Wort! Nei, me het em Durebrönner non e dicki Wulledechi uf d Bei gäh. «Heiter chalt?», frogt eine vo de Wärter guetmeinig. Und druf ischs im ene gmüetlige Tämpo zrugggange i die heiligi Nacht use. Chly öppis no de Zwölfe isch i der Zälle hundertsächsezwänzg der schwär Yserigel süüferli, nit im gringschten öppe hässig, zuegstosse worde.

A der Wiehnachten am Morge hei im Anstaltsbüro nide zwe nander härzhaft i d Ouge gluegt: Der Diräkter Egger und der Kummer.

21

Uf em Pult isch der verstört Brief gläge vom Durebrönner und d Rasierklinge. Begryflig, me het d Zälle i allnen Eggen undersuecht gha.

«Kummer, mir wei froh sy, heit er nit der ander Blödsinn gmacht, dir wüsset, welen ass i meine», seit der Diräkter guethärzig wien e Vatter. «Hüt isch Wiehnachte, do heit er e Boge Papier! Probieret euer Frou paar liebi Wort z schrybe! Zeiget, ass *dir* der Ma syt, d Frou und d Chind hei euch nötig!» . . .

Wo der Kummer i sy Zälle zruggchunnt, stoht uf em Nachttischli es Chrischtboumcherzli, früsch azündet, und es Tannezwygli derzue.

Mit nassen Ouge, aber mit em klare Verstand schrybt er uf e Briefboge: «Heute leuchtet mir das wahre Weihnachtslicht entgegen. Nun weiss ich, dass es aufwärts geht.»

Der Barbara-Zwyg

«Wäge myne selle d Glogge lüte. Der Pfarrer und d Chile si für die do, wo em Herrgott i Chratte passe!» Die Chiflete isch em verbitterete Räber Chasper ertrunne. Jede Sunnestrahl, jede Gruess vo guetmeinige Näbemönsche, isch by ihm schier an e Wand ane grote.

«D Wält isch verloge, . . . und mi hassets eifach syt mängem Monet!» . . .

Alls Zuerede vo syner Frou het nüt gnützt.

«I wott zerscht wider einisch öppis gseh, wo mer gfallt,... en Öpfelboum, wo i der Ornig treit, gsunds und nit bangversüüchts Vieh!» . . .

Fryli isch vil a dä ploget Chasper ane cho. Im Mejie hets agfange mit em Ungfell. E Ryf het em schier die ganzi Obschtärn vorewäg verdorbe. Im Ougschte isch es Hagelwätter dur d Hoschtet gfahre. Die paar Öpfel a de Böime si verbüület z Bode drohlet, und drei vo de schönschte Bireböim het der Sturm unbarmhärzig uusgrisse. No nit gnue: D Bangchranket het wien e Häx uf d War im Stahl ynebrätschet. Der ganze Familie Räber ischs afange gsi, es wär guet, wenn das unghoblete Johr einisch z Änd gieng.

Der Samschtig vor em erschten Advänts-

sunndig het trüeb zu den agloufne Stube-
fänschter ygluegt. E näblige nüechtelige
Tag! . . .

Für Lüt mit eme bittere Härz nit öppe grad
die beschti Medizin, für andersch z wärde.

Der Chasper het sy Betribsbuechhalt no-
chetreit. Verzüttereti Zahle si is Kassebuech
cho, nümme die gsunde, suubere Schriftzüg
wie öppe no bis vor eme Johr. Öppe mol isch
em zwüschen yne e verbissne Flüech und es
verdrückts «ää Chabis, . . . Chutzemischt, es
Fötzeljohr! . . .» über d Lippe gfahre . . .

D Frou Räber isch nom Zmittag mit eme
Adväntschranz i d Stube trappet. Do isch der
Chübel no ganz um gsi. «Mueter, hänk du dä
Schmuck bys Huebers änen uf. Dene grotet jo
alls e so wätters guet: Die schönschte Meitschi
im Dorf, die gsündischt War, Härdöpfel wie
Stei und erscht non es schuldefreis Heimet.
Verchränzle denen ihres Huus! Aber i üsi
Stube passt bim Hageli e kei Adväntschranz.
Für mi het jetz einschtwyle nume no das der
rächt Glanz, wo chlingelet» . . . «Chasper,
tue di nit versündige. S isch üs jo bis dohi
mängs Johr ganz styf gange. Im Früehlig
chunnt der Albärt us em Seminar . . . Und
dänksch ou dra, ass üsers Meieli am heilig
Obe Verlobig fyret . . . Vatter, Vatter, gäll
bisch doch jetz nümme so hässig. Der Mönsch
muess zum Läbe jo säge, wenn ne s Schicksal

24

ou mängisch no so ungnädig apackt. Meinsch nit, der Heer wel di numen es bitzeli fecke, für z luege, wies mit der stöh innedra. Wirsch doch vor üsem Meischter nit welle wien e wurmstichige hohle Boum dostoh. Oder gloubsch öppe, du chönnisch dyner Läbtig gäng am volle Bahre stoh, dänk, das wär de ou wider längwylig» . . .

Mit em Chasper isch aber nüt azfoh gsi. Er het sy Chopf gha, und der Chyb isch eifach nit gsi usem use zbringe. D Frou hingäge het s Ungfell treit, ohni z chlage, aber derfür mit eme Flämmli Hoffnig, ass ou wider einisch wärdi tage. «Mynetwägem so choldere und chifle du wyter druuflos. I loh mer my Adväntszyt nit däwäg loh verderbe!» . . .

Bys Räber Chaspers het me de süscht hingäge mänge schöne Bruuch gha. Johry-johrus si di Brüüch pflegt worde, wie der Bluemegarte. Aber scho by der Sichlete het der Meischter nüt meh welle wüsse. «Es hasset üs jo, . . . es hasset üs . . . Was wei mer derglyche tue?»

Am Barbaratag — das wär also am vierte Dezämber gsi — isch d Mueter i d Hoschtet hindere goh ne Zwyg vom Härzchriesiboum abbräche. Andächtig stellt si ne i d Tonvase vo der Gotte Marie sälig noche y, mit em feschte Gloube, ass dä gspässig Struuss öppen i drei Wuche uf der obere Chouscht obe z

25

blüejie chöm. Sie het si drum möge bsinne, wie das d Grossmueter im Buechibärg und spöter ihri Mueter ou gäng gmacht het.

Wo der Chasper z Obe us em grosse Holz heicho isch, het er nit chönne höre fötzele.

«Aha, do wott öpper zoubere. Bym Donner Hageli, es isch de scho jeden e Glünggi, wo s Gärtnere no z grächtem goht goh lehre, wenn d Froue d Chriesböim i der Stuben inne aföh züchte!»

Um dä rabouzig Suurgraucher ume ischs mit der Zyt schier nümme zum Ushalte gsy. Chunschtstück, wenn si eine däwäg i Chyb yne verboret, ass er mit de blosse Lippe schon e Nuss chönnt verbysse. Het e Chueh nume es Rüngli nit rächt welle frässe, het es Ross z Obe übelzytig no chly gscharret, het der Chasper scho wider die gröschte Gspänschter gseh.

D Wuche vor Wiehnachte hets z grächtem afo yschnejie. Aber ohä lätz, der Föhn isch drycho mit syner Dräjorgele, und e Pflotsch hets gäh, strüber hätts nümme chönnen uusgseh. Uf die nöchschti Vollmonnacht isch alls veryschet gsi uf de Strosse. Der Chasper isch gäg de sibnen am Morge mit syner volle Milchbränte gäg der Chäsi übere zuntlet. Wien er d Stägen uf will, nimmts nen undenuuse und überbäset ne so rächt vatterländisch. E Fluech fahrt em zwüsche de Lippe

dure. Im nöchschte Momänt het er schier s
Füür im Elsass gseh . . . E gspässige Schmärz
hinder em rächte Handglänk! . . .

Alls chunnt cho z springe, . . . alls hilft em
wider uf d Bei . . .

E Halbstund spöter höcklet er tuubwyss
bym Dokter König z Schattehüüseren ähne,
für der brochnig Arm loh yzzieh. Potz Lie-
derbuech, isch das e Zangegeburt gsi, und
weh to hets em, ass er het müesse weebere und
stöhne, der gross stark Chasper! . . .

s Räber Müeti isch nit emol so erschrocke,
wo me der ungfehlig Cholderi mit em ygipse-
ten Arm heibrocht het. Nei, s hets uf ene Wäg
no glächeret und s isch em ömel use: «Jää,
Chasper, und s Muul, . . . isch das no
ganz?» . . .

Mit eme spitze, böse Lächle het er syner
Frou i d Chuchi use nochepängglet: «Muesch
mer jo nit säge, weles ass die schönschti Fröid
isch!» . . .

Uf ene Wäg het me is Räbers Huus die
nöchschte Tagen ersorget. Und wenn er jetzt
muess dinne blybe, nit mit em Chahrer und
em Chnächt is Holz cha? Uh, das wird dicki
Luft gäh im Huus. Aber bhüetis, s wird nüt
so heiss ggässe, wies gchochet isch. Ou der
Chasper het ums Merke d Milch süüferli afo
abegäh. Jetz het er jo Zyt gha, für über
mängs nochezdänke. Die ruuchi Schale um-

nen ume isch weicher und gfüegiger worde. De hungrige Vögeli het er eismols afo Fueter vors Fänschter tue und öppe mol vo Härze chönne rüchele, wenn e herrschelige Dompfaff mit syner rote sametige Bruscht de fräche Spatze het wellen Astand bybringe.

Übere Chriesboumzwyg i der Tonvase isch nümme lang gfötzlet worde. Zwe Tag vor Wiehnachte si prächtigi wyssi Blüeschtli uusgschloffe. Wenn ou bym Chasper der Mannestolz no chly stercher gsi isch weder das, wo wyter inne z chyme cho isch, hei syni Ougen e bsundere Glanz übercho, wenn er nom Barbarazwyg gspaniflet het. D Mueter het nit vil derglyche to. Si het di heimligi Fröid über e Chasper, wo wien e umgchehrte Händsche worden isch, still i sech nochetreit und wohlgläbt dra. S git nüt Chöschtligers, weder ere guete Frou, wo über em Ghäck und Choldere stoht, vo der Syten is Gsicht z luege, wie si eme Philosoph z Trotz uf de Stockzähne lächlet ...

Item, das Johr si d Mailänderli und d Zimmetstärne bis Räbers de bsunders guet grote, und ei Obe hets im Stahl ussen es chächs Chälbli gäh, gsund und starch i de Beine. «E ... e ... e ..., Mueter, bym Hageli gloubi, es göh wider obsig», strahlet der Chasper eismols.

«Bis zletscht am Änd het de no der Barbarazwyg alls verzouberet. Bluescht hets jo wie im Mejie, nei no schöner! Die tuusigs Froue, wenn me no jung und ledig isch, spienzle sie eim früschi Nägeli und Rose us em Garte und wenn me ne alte, verchaltete Ghüderi worden isch, bringe sie im Winter no ne Chriesboumzwyg z blüejie!» . . .

Uf das hi ischs is Räbers Stuben ume heiter worde. S erscht Mol syt mänger Wuche het me wider es aständigs Wort chönne brichte zäme. Em Meieli sy Verlobig isch ufs Tapet cho. Der Vatter het möge gspässle und paar luschtigi Sache vo der eigne Verlobig vürechrome.

A der Wiehnachten isch der Barbarazwyg zmitts uf em Tisch gstande. Der Chasper hets so welle ha und de Gäschte nit gnue chönne rüehme vo däm Wunderblüescht. Won er sys Glas füürige Burgunder i d Hand nimmt, für mit em früschbachnige Verlobigspärli azstosse und mit em zuekünftige stramme Schwigersuhn Duzis z mache, ischs em ärnscht gsi mit em Kumplimänt: «Lueget üsi Mueter a, die gseht mit ihrne sächzg Johre no uus wie früsches Chriesiblüescht!» . . .

Der Barbarazwyg isch vo jetzt a jedes Johr im Advänt uf die ober Chouscht gstellt worde, und niemer het meh ufs Blüescht planget weder der herthölzig Räber Chasper sälber.

Em Urs sy Wiehnachtsängel

Nit vo sälbem Ängel, wo den arme Hirten ufem Fäld erbcho isch, wotti verzelle, nei, vo däm, wo em Architekt Schneebärger sy Frou jedi Wiehnacht ufs Klavier ufestellt.

I dene Tage, wenn der Briefträger die erschte Wiehnachtsgrüess i d Hüüser treit, nimmt d Frou Schneebärger der Ängel vüre, wo afoht lüüchte, wenns i der Stube feischter wird. Gspässig, wenn sie andächtig die chlyni Arbet macht — wo chuum es paar Minute duuret —, erwachet so öppis wie ne versteckte Schmärz. Und öppe mol chas es gäh, ass sie im Gheime, . . . ganz im Gheime s Ougewasser muess abeschlücke.

Was sell eigetli dä Wiehnachtsängel uf em Klavier obe bedüte, und wo chunnt er här? D Frou Schneebärger het mer alls einisch am ene Dezämberobe verzellt, wos dusse so rächt obenabe gschneit het. Ihre Bueb, der Urs, isch dänk öppen i die dritti Klass gange. E gfröiten, uufrichtige Hötterler.

Syner Mueter het er nit nume die guete Note im Sätzliheft zeigt, nei, wenns ou nit grad guet gangen isch, öppen im Rächne. So het d Mueter ou d Dreier und d Vierer z gseh übercho. Der Urs het liebermänt nüt welle ver-

minggmänggle. Ihm isch gäng wohl gsi noch-
här, wenn er alls gseit gha het.

S Vertroue zwüsche Mueter und Chind, gits
öppis Schöners, i gloube chuum! Eis hilft em
andere. Und e Mueter, wo is Chinderhärz
abestygt, chunnt mängs über a Fröid und a
nöjier Chraft. S Chind luegt denn ebe vor em
sälber ou a d Mueter ufe . . .

Der Schneebärgerbueb het mol zum Ge-
burtstag vo syner Grossmueter es Sparhäfeli
us Steiguet übercho. Jetz isch doch öppis uf
sym Nachttischli gstande, won er gäbig het
chönne bruuche. Syni verdiente Batzen isch er
drum nit goh verschläcken und vertünterle.
Het er öppen einisch e Zwänzger oder Halb-
bätzler welle bruuche, isch er gäng zerscht d
Mueter goh froge: «Was meinsch, darf i
ächt?» . . .

S isch jo so grüüsli weni vorcho, ass by der
Mueter eigetli nie es Nei gäh het. Ihre hets
hingäge Fröid gmacht, wenn sie heimlig paar
ungradi Batze het chönne is Sparhäfeli loh
drohle. So all drei Monet isch der Urs sälber
mit em gsparte Gäld uf d Amtskasse is Under-
dorf abe. Wie hei syni Ougen albe glüüchtet:
«Uh, Mueter, scho wider öppis uf em Büech-
li!» . . .

D Frou Schneebärger isch mit der Zyt s
Güegi acho, eifach eso wyl sie der Gwunder es
birebitzeli gstüpft het, nochezelle, wieviel

ächt wider im Häfeli syg. By däm Gwunder ischs ere eigetli no meh wägen Ufrunde gsi, wie me so seit.

Am erschten Adväntssunndig het der Bueb mit em Vatter dürfen i Wald goh Tannchris sueche und de Reh ufluuschtere. Dene zwene isch der Wald drum über alls gange. D Mueter het derwylen alti Briefschulde chönnen übere Bärg bringe. Wo sie em Urs no der Adväntskaländer ufs Nachttischli stellt, het sie ömel ohni rächt z welle, s Gäld im Sparhäfeli nochezellt. Wie isch sie erschrocke: Vier Franke fähle drinne, ganzi vier Franke! . . .

«Foht ächt der Urs jetzt ou a, wie s Nochbers Brigitt und der Martin, heimlig Gäld näh, fürs go z verschläcke?» . . . Sie muess es paar Mol rächt töif schnuufe. — Es würgt sie der Hals uuf. Vor em Ynachte chöme der Vatter und der Bueb glücklig vom Wald hei, mit früsche rote Backe und eme Härz voll Adväntsstimmig.

Der Mueter tuets weh, wo sie die zwöi glänzigen Ougepaar vo Vatter und Bueb muschteret. Isch ächt hinder däm Glanz vom Drittklässler öppis Uluuters versteckt? . . . Foht er a lüüge, isch er e Hindeduure worde?

Die erschti Cherzen am Adväntschranz isch azündet worde. Derzue het der Urs us der Chinderbible sälb Kapitel dürfe vorläse, wo das drinne stoht, wie der Ängel der Maria erschinen isch und ere verchündet het, sie chöm es Buebli über. D Frou Schneebärger het kei Blick ab em to. S isch ere eifach gsi, si sett em öppis chönnen abläse, öppis gwahre, won ere zeigt, ass er nit lügt, nit heimlig Gäld vertünterlet . . .

D Adväntsstuben isch wie jedes Johr prächtig zwäggmacht gsi. D Mueter mit ihrem ryche Gmüet hets verstande, für gueti Stimmig z sorge. Der Vatter und der Bueb hei fryli d Stimmig gha wie jedes Johr; numen öpperem het sie gfählt . . .

«Vier Franke, ganzi vier Franke», isch der Mueter i de nöchschte Tagen immer wider dure Chopf gfahre. — D Wuche vor Wiehnachte, wo sie em Urs der Guetnachtchuss uf d Stirne gäh het, ischs by ihre durebroche. Lieb und glych fascht mit eme versteckte Vorwurf redt sie zuenem ahne: «Für was hesch vier Franken us em Kässeli gnoh?» . . . Em Urs fahrts chalt und warm der Rüggen auf:

«I, Gäld gnoh, was dänksch ou, Mueter?» . . .

Am Obe druuf isch d Frog wider uftoucht. Er stagglet, nei, er brösmet öppis vüre, wo si i ihrer Ufregig gar nit rächt verstoht, öppis vo gchouft. Meh isch nümmen us em Bueb usezbringe, ou i de nöchschte Tage nit. I der Architektefamili isch nümme grad e gfröiti Stimmig ume gsi.

A der Wiehnachte hei d Cherzli am Boum afo brünne. Aber der Klavierdeckel isch nit uufgmacht worde. Kei Mueter het wie anderi Johr s «O du fröhliche ...» agstimmt und keis «Largo» vom Händel isch gspilt worde. Ou der Urs het i syner Buebeseel inne gchämpft, bitter gchämpft. Wo keis öppis seit, stoht er süüferli, fascht schüüch uf, düüsselet i sys Schlofchämmerli überen und chunnt mit eme Päckli derhär, es Cherzli und es Tannezwygli druffe. So fescht ass er cha, nimmt er d Mueter ume Hals ume. Er cha fascht chuum rede. S erscht Mol syt mänger Wuche brieget er wider einisch: «Do, ... do, ... Mueter, ... i ... has ... drum ... nit ... vorhär ... chönne ... säge, das ... hani gchouft ... vo dene vier ... Franke, ... das do, ... für di ...»

Wien e Chrampf het si i der Seel vo der Frou Schneebärger öppis glöst. Es Wyli cha si nüt anders säge weder: «Du liebe, guete Bueb, du Liebe du!» ... Sie macht s Päckli langsam und umständlig, fascht ums Merken echly verlägen uuf. Was chunnt do vüre? En Ängel, e wunderschönen Ängel, wo i dere halbfeischtere Stube lüüchtet ...

Der Lehrer Steiner het drum i der letschte Novämberwuche syne Schüeler gseit, er chönnti ihne öppis Schöns für d Mueter verchoufe, es Wiehnachtsgschänk, es sältes

Wiehnachtsgschänk und de nit emol es tüürs. D Stadt Münche heig der Schwyz us Dankbarkeit gly nom zwöite Wältchrieg Wiehnachtsängel, wo im Feischtere lüüchte, zum ene ganz billige Prys abgäh, und das chöm jetz ou syne Schüeler z guet, wenn sie ömel Fröid dra heige. Der Urs, wo jo scho vo deheimen uus für alls Schöne z ha gsi isch, het si gwüss hantli gmäldet und sym Lehrer am Tag druuf scho vier Franke brocht, . . . ebe sälbi vier Franke, wo syner Mueter mänge Tag so schwär z schaffe gäh hei . . .

So het ou bis Schneebärgers s verlorne Vertroue zwüsche Mueter und Bueb wider nöi afo lüüchte wien es Cherzli am Chrischtboum. D Mueter het fryli der ganz Obe lang no mängisch s Ougewasser abgwüscht. Es het sie eifach tuuret, wie si em Urs het chönne weh tue mit sym Buebegheimnis, und s eigne Härz derby loh verbittere wägem Misstroue, wo jo unütz gsi isch. Bym Guetnachtsäge het sie am Bettrand em Bueb no einisch i die chriesischwarze, unschuldige luuteren Ouge gluegt, und sie hets wider dürfe gspüre, ass er gar nüt Böses, nei, numen es schöns Gheimnis ghüetet het, für d Mueter, won er jo soo gärn gha het.

Sythär chunnt der Wiehnachtsängel jedes Johr z Ehre. Öb numen e Chugle oder es Cherzli vüre gnoh wird, längt d Frou Schneebärger zerscht nach em Ängel im hindere Wandchaschte, stuunet ne gäng ume früsch wider a und gseht derby wider die unschuldige Ougen vo ihrem liebe Bueb Urs.

Wie der Möösli-Brächt gmurbet het

Der Sunndig und die heilige Zyte hei em Mööslibrächt nit guet to. Im schönschten Alter, i de Vierzge, däwäg töif is Glas luege: Suure Moscht, Schnaps, Wy, es Chrousimousi durenander und nümmen a d Pflichte dänke! Derby e gueti, gschaffigi Frou, wo em Fride z lieb so mängs abegschlückt het, und vier gmögigi Chind, wo me zäntume gärn gseht, wyl si so fründlig gsi si.

I de Störzyte, wenn ne der Schnapstüüfel i der Zange gha het, isch nume no öpper einzigs gsi, wos em Brächt het chönne preiche, und das isch sys sächsjährige Chrischteli gsi, s reinschte Madönneli, himmelblaui Ouge, es Gsichtli wie gmeisslet und ganz blondi Chruuseli, . . . es lybhaftigs Ankerbild . . . Wie mängisch isch er übelzytig heicho, het alli Türe zuegschmätteret und der Huet ine Eggen yne bängglet. De isch er as Bett vom Chrischteli zwirblet, hets zum Schlof uusgnoh, s gstrychlet und im trunknen Eländ öppis gjommeret. Sy Frou het der ganz Stahl i d Ornig brocht und d Chind früeh is Bett gschickt, ass Rueh gsi isch im Huus, wyl em usöde Kärli niemer het wellen i d Queri cho . . .

Zytewys isch alls gange wie am Schnüerli,

und der Brächt het der gäbigscht Vatter gspilt. Aber wie gseit, e chlynen Ärger oder die bekannti Stör, und de isch s Gwitter im Handumdräjie do gsi. Gmeinrot hätt er chönne wärde vom Rüttimoos; gschyd gnue wär er gsi. Das hei syni Zügnis bewise über d Sekundarschuel uus bis zu de landwirtschaftliche Kurse. Drum het er öppe loh fahre, wenn ne d Stör i de Fingere gha het: «Viehdokter chönnti sy hüt, wenn üsen Ätti nit so ne hinderhebige Chnuppesager und Gytzgnäpper gsi wär. I verstoh de soviel wie der Veterinär Linder z Öschebüehl ähne.» Über settigi Sprüch abe si de wider zwöi Stifeli Gigetschiwasser der Hals abgrütscht, ohni dass der Brächt numen es Oug bewegt hätt derzue. E strube Kress isch er gäng denn gsi, wenn er em Metzger Rutsch es feisses Chalb het chönne bringen uf Aarstetten übere. Mit der Zyt ischs aber sowyt cho, ass der Rutsch s Gäld mit em Briefträger het loh schicke. Nume denn isch der Brächt z rächten Zyt heicho mit em lääre Gatter, wenn s Chrischteli derby gsi isch, sys Härzblatt. Drum hets d Mueter gar nit so ungärn mit em gloh. De isch s Chind em Vatter alben a Hals ghanget vor Fröid und ebe, wenn er bym Pintliwirt am Zibelistutz zue gha het, ischs nom zwöite Chrütter noch zuen em ahnegrütscht: «Vatti, i ha mys Sirüpli uus, gäll, mir göh jetz hei!» . . .

«O, du allerwälts Flattierchatzli du, he de müesse mer dänk heizue fahre, hesch rächt, s isch Zyt.» Zytewys isch aber s Chrischteli no zum ene zwöite Sirüpli cho, wenn der Möösler nit gnue Chrütter und Änzene het chönnen as Halszäpfli hindere göitschle. Der Pintliwirt isch der Sach gly einisch uf em Sprung gsi, ass do es Chind isch, wo meh Yfluss het uf e Vatter weder mängi Frou. Ischs z verwundere, wenn dä em Meiteli ou het afo chüderle. Nit nume Sirüpli, nei, Nussgipfel, ganzi Zelophanpäckli Guetzli sin em gschoppet worde, ass ömel sy Vatter no chly länger i Rueh gloh het, für no meh Gäld im Pintli abzlade.

Mol het der Metzger Rutsch em Möösler telefoniert, öb er am Aarstetter Wiehnachtsmäret chönnt es guet gmeschtets Chalb bringe, er wär grüüsli froh. Das het men em Brächt nit zwöimol müesse säge. S Chrischteli isch im Hui uf em Sprängwägeli obe gsi i sym ghüüslete Mänteli und mit der blaue Zöttelichappe. D Mueter hets no fescht is grosse glismete Drüegghalstuech ygmummelet. Und der Möösler sälber het glachet wie ne Mejiechäfer im früsche Birkeloub . . . Der Choli isch brav a Diechsle gläge und het e gmüetlige Galopp agschlage.

«Scho wider öppis für e Metzger, . . . scho wider e guete Handel, . . . dä Brächt isch doch en Allerwälts-Gfellhagel!» . . . hei do und dört es paar fuetternydigi Nochbere pfäfferet.

«Henu, er het s Meitli by sech, de wird er wohl chly besser Sorg ha zum Profit!» . . .

Wyls drei Tag vor Wiehnachte gsi isch, het do der Metzger sym Liferant s Gäld grad i d Hand drückt, ohni viel Wäses z mache: «Wirsch dänk wohl öppe der Frou und de Burschtli no wellen e brave Chrom heibringe!» . . .

Uf der alten Aarebrugg hets ei Stand am anderen a gha. By der dicke Luise, wo nume grad drei Lismer und erscht no ne Pellerinen agha het, isch der Brächt wie immer em Chrischteli goh ne Papiersack voll Magebrot choufe.

«Uh, Magebrot, Vatti, du bisch de scho ne Liebe, ganz fescht e Liebe!» . . .

Jo, dä het bym Hageli hüt e Sunndigsluune bynand gha, ass ou der Mueter und de andere drü Chind zum ene flotte Märetchrom glängt het.

Uf der andere Syte vo der Aare si alli Märetlüt vom ene bsunders guete Gschmäckli gluschtig gmacht worde.

«Früschi Brotwürscht, schmöcksch, Chrischteli, . . . vom ‹Löie› här, gäll me chunnt grad Hunger über!» . . . Wies eso isch by de Chind, wenn sie deheime chönnen uusflüüge, isch kei Appetit ume, sie hei an-

ders z dänke. Drum het ou bym Chrischteli s
Mägli erscht uf em Märetplatz afo chnure
und der Vatter het em nit zwöimol müesse
säge, me well öppis goh ha. Für e Chohli isch
uf em Lindeplatz voren e Stange gsi, wo me
ne gäbig het chönnen abinde . . .

Zum Verwundere isch der Brächt im
«Löie» nit lang vo Blybis gsi. Ihn hets meh
zum Zältner Durs i der «Sunne» am Zibeli-
stutz zoge. Dä het em drum am Morge no
nochegspaniflet und öppis grüeft, gloub
eehh: «Me gseht di dänk ou no einisch by mir
vor em Nöijohr, oder . . .!»

Nomittag gäge de Zwöine het der Chohli,
dä guetmüetig Tscholi, im alte Rosstahl i der
«Sunne» sy Haber gchrosplet. Der Zältner
Durs, dä Schlaumeier, het der Brächt welle
warm bhalte zum länger blybe, drum het er
em ou anerbotte, dr Goul i Stahl z stelle. Der-
wyle hei si no zweh anderi Kumpane im Pintli
zuegloh. Jassbrüeder, und prezis settigi, wo
der Chrütter öppe glych gärn gha hei wie der
Brächt. Jo, jo, die Sach isch guet ygfädlet gsi.
Der Pintliwirt, dä abgschlagnig Fuchs, het sys
bekannte Spili drum scho gar mängisch tribe
gha . . ., dasch em sauft so ring gange wie
Brotässe. Gäscht mit eme wurmstichige Wille
si für nes schöns Rüngli nümme zum Garn
uscho, wyl sie albe schier nümmen andersch
hei dürfe.

Ou s Chrischteli isch hüt ghörig uf sy Rächnig cho. D Wirti het em sogar e töife Suppetäller Tirggeli häregstellt und erscht no ne brave Stoss alti Heftli zum Aluege. Dussen isch e ghörigi Strubuussete losgange, so rächt nom Wunsch vom Pintliwirt.

«Jetz loht me nit emol e Hund voruse, verschwyge so flotti Gäscht, wo me so bodeguet mah!» . . . Z Öschemoos nide hets mol Föifi gschlage. Früeh ischs Nacht worden a däm Tag, fascht chly uheimelig. Der Brächt het ömel ou wider gnue Geischtigs übercho, ass für ne ganzi gschlagni Wuche glängt hätt. S Chrischteli het meh weder es Dutze Mol gmüedet: «Vatti, . . . Vatti, mir wei hei, s isch jo Nacht dusse!» . . . Fascht sturm ischs gsi, das arme Chind; zwüschen yne ischs am Tisch schier ygschlofe. No de halbe Sibne hets do em Möösler äntli welle schyne, me chönnt öppe de heigoh. Der Pintliwirt, dä Luuser, isch zwar no druff und dra gsi, für ne no einisch umen Egge zbringe. Aber s Chind het afo brieggen und isch zu der Türen uus . . .

Es Wyli spöter isch der agheiteret Brächt der Zibelistutz abgfahre. Rütschige, nasse Pflotschschnee hets gha, jo, ne müehsami Gschicht für e Chohli, wo der ganz Tag nüt weder Geduld het müesse ha. Z duuren isch aber ou s Chind gsi. Ganz vergelschteret und durenander ischs uf em Sitz näbem Vatter ghöcklet. Dä het i eim yne poletet und ufe Chohli ynegchlöpft mit der Geissle.

Vor em Dorfygang, wo d Stross e Rank macht am Transformerhüüsli verbi, isch s Ross, süscht scho närvös vo der ewige Chlöpferei, vom ene Outo bländet worde. Do muess jo der geduldigscht Goul chlüpferig und hässig wärde, wenn er nüt gspürt weder der Geisslezwick. S het so müesse cho! E Sytesprung ine Schneewalmen yne, der Fuehrme verlürt s Glychgewicht. Es wället ne chopfvora abem Sitz. Mit eim Bei het er si is Leitseili verlyret. Der Chohli stoht uf de hindere Bei, rüüchelet und stampfet. S Chrischteli, das arme Hudeli, lyt im ene Schneehuufen inne, läblos, es git keis Zeiche von em. By allem Drohle hets der Chopf am undere Tritt vom Sprängwägeli agschlage . . .

Vom Tannehof här chunnt der Viehdokter Linder mit sym Assistänt. Jo, usgrächnet der Veterinär, wo do und dört vom nydige Mööslibrächt vernütiget worden isch. Em unglücklige Fuehrme hets eigetli nit vil gmacht. Chly Schürfigen a der Hand und am Schinbei und dure Chlupf fascht wider nüechter worde. S Chind hingägen isch andersch dra gsi. S git gäng no kei Luut. Der Dokter Linder nimmts ufen Arm und luegt, öbs nöime blüetet. E Schranne uf der Stirne!

«Wenns ums Gottswille nume kei Schädelbruch isch», chummeret der Veterinär. Zum Glück isch die dicki Zöttelichappe no ne guete Schutz blybe.

Ganz satteli git jetz der Dokter Linder sym Assistänt, wo der letscht Herbscht s Staatsexame gmacht het, syni Befähle: «Herr Kollega, nähmet s Ross und der Wage, wenns ech nüt uusmacht. I füehre der Brächt und s Chind mit em Outo hei.» . . . Wie wohl tuet doch die Rueh vom Viehdokter, überläge wie gäng, me könnt ne jo vo der Süüchezyt här . . .

Im Möösli nide hets fryli vil Träne gäh sälb Obe. Vergelschtereti Chind und e Mueter mit Chummer. Der Brächt isch derby no gschohnet worde. Nit vo einer Syte här hätt er müesse der lysischt Vorwurf ysacke. Es verschüüchts Wild hätt nit chönne erbärmliger dra sy. Stober drygluegt het er, und kei Blick abem verunglückte Chind to. Dusse isch derwylen ou der jung Veterinär mit em Choli agruckt. Mit Zucker und echly Tätschle isch er däm süscht so brave Freibärger scho Meischter worde und erscht no so gschyd gsi, für em Mediziner, em Dokter Haldima, von ere Telefonkabinen us z brichte, er sell sofort wäg eme Notfall is Möösli cho . . .

Der Mediziner muess nit weni stuune, won er der Viehdoktor i der Stube gseht stoh: «Jä so, der Veterinär bringt die erschti Hilf!» . . .

«Nüt as rächt», meint dä dezidiert,

«Schicksal. Es goht jo so oder so gäng um nes Läbe!» . . .

Erscht wo der Dokter Linder gwüsst het, ass mit em Chrischteli nit so bös stoht, isch er mit sym Assistänt wider uf d Nachtpraxis. S Chind het si derwylen erbchymt und isch zuenem sälber cho. E liechti Hirnerschütterig und s meischte eigetli meh der Schock.

Mörnderisch hets bym Hageli no einisch en Ufregig gäh. Der Mööslibrächt het drum sys ganze Metzgergäld verlore gha. Me het em Landjäger Kuenz prichtet. Aber ou die Ufregig isch gly einisch glettet gsi. By de Zähne duren isch der Bader Seppi, e Granitzler, wo nit öppe der bescht Name gha het im Dorf, derhär cho mit s Brächts Gäldseckel. E Poschtquittig drininne, im hindere Ghältli, het em Seppi zeigt, wohären as das Gäld ghört. Nit ei Rappe hätt der Granitzler zwüschenuse gchnüblet. S hätt ihm, wo landuuf-landab as Chefibrueder verbrüelet gsi isch, weh to wäge der Famili. D Frou im Möösli isch drum gäng gar e Gueti gsi mit em und hätt em nie d Türe vor der Nase zuegschletzt, ou wenn sie chuum der Wyl gha het, für öppis abzchoufe . . .

Jä und de der Brächt, wo so vil Porzellan verschlage het, wie isch dä dur syni herte Prüefige durecho? Wie mes nimmt. Für grossi Wiehnachtsgschänk hets fryli nümme glängt, Kunschtstück, we me so vil Gäld vertrunken und verjasset het. Am Heiligobe, zwüsche Tag und Nacht, isch er duuch zum Chrämer is Dorf abe, jedem öppis Chlys goh uusläse. Uf em Heiwäg hets gwärchet inem inne und de no ghörig. S Gwüsse, wo i de letschte Johre im Schnapsnäbel inne fascht abtöt worden isch, het si afo rode. Froh, gottefroh isch er gsi fürs Chrischteli. So ne Angscht het er doch no nie usgstande, i sym ganze Läbe nie. By de Sibne dure hei im Dorf d Gloggen afo lüte i still Heiligoben use und de no wie schön! Nit emol a sym Hochzytstag isch em s Glüüt so z Härze gange. Wenn de so ne uusgchochete Sünder, wie der Brächt, nach ere settige Seelestrublete nit äntlige murbet, isch nüt meh z welle. Item, er isch weich worde wiene Ankebire i der letschte Sunnegluet im Herbscht . . .

Is Mööslers Stube isch es Tanneböimli gstande, chuum paar Cherzli dra, und d Gschänkli derby zue armüetelig, aber derfür vo Härze. Mit Angschten und Sorge het sie jo der Brächt bis zletscht no müesse verdiene. Isch das nit es schöns Wunder? D Mueter und d Chind hei grad a dere armsäligschte Wiehnachte die gröschti Fröid erläbt. Wo s letschte Cherzli am Verlösche gsi isch, git der Möösler syner Frou d Hand: «So, Anna, vo hüt a gohts en andere Wäg, i trinke nümme, dir und de Chinder z lieb nümme.» S isch em

ärnscht gsi mit sym Verspräche . . . s Chrisch-
teli, sys Härzblatt, ume wider rächt styf dra,
strychlet em über die rächti Backe und gspürt
öppis Nasses: «Was hesch, Vatter, brieg-
gisch?» . . .

S Muulgygeli

De Brüeder vo der Landstross goht d Zyt um d Wiehnachten ume glych z Härze. Sie chömen ebe d Wärmi vo ihrne Näbemönsche, wo eme greglete Tagwärch noh göh, uf ene Wäg ou z gspüren über. Eh, was wird doch i der heilige Zyt inne im Stille, nit alls für anderi to! — Und sälbi andere, woni meine, si die, wo meh uf der Schattesyte vom Läbe müessen umegruuppe. So ne Brüeder vo der Landstross isch ou der Chüeferkobi gsi. Es harmloses Chudermannli, mit eme wysse Bockbärtli und wässerige Hungeröigli. Dört derzue uus het aber mithine ou der Schalk und der Schlaumeier chönnen useblitzge, wenn me chly gnau gluegt het . . .

Vor Johren isch ihm sys Chüeferhandwärk no ganz ring gange. Syni paar Meischtere hei ne as e gäbige Gsell guet möge lyde. Aber mit em Alter het er afo brönzglesle und abgäh. Vo Mol zu Mol, wenn er eim erbcho isch, hets eim dunkt, er heig wider gleidet. Sys ganze Wärli isch im ene schytere Bünteli inne zämegwuuschet gsi. Me het ne wyt umenand bchönnt, aber ebe, er isch mit der Zyt meh i de Strossegräben umedrohlet weder em Verdienscht noh gange. D Bueben und d Meitschi hei nem Schlämperlige nohgrüeft. Mängisch

isch em e ganzi Graglete so jungi War nohgstriche. Wenn er uufbegährt het, sin em die vile Zahnlücken is Gheg cho, ass me gar nit verstande het, was er eigetli meint. Item, der Kobi isch gly einisch vo der Vormundschaftskommission uus i d Armenanstalt Chutzebärg versorget worde. Vil wärche het er nümme chönne. Öppe mol am ene Fass der Reif wider feschtchlopfe, chly umechrättele, . . . jo, und de hets es gha. Bösartig wär er nie gsi. Nei, er het gwüss mithine no chönne zeige, ass er nit es verruessets Gmüet het und musikalisch cha sy, wenns druufa chunnt. Lang het er es verhudlets Muulgygeli nohtreit, nümme schön zum Aluege, mit Tön, wo schier gyxet hei wien e alti Chällertüre, wo nie gschmiret wird . . .

I der Anstalt Chutzebärg hets paar verbittereti Chundine gha, wo fuchstüüfelswild worde si, wenn der Kobi agfange het muulgygele.

«Hesch wider s Doggeli!»

«Bisch wider bisse!»

«Hesch das by dene glehrt, wo all Tag müesse Mugge schnappe i der Spinnwinde!»

Settigi Schlämperlige isch der Kobi mit der Zyt afange gwohnet gsi . . .

E so um d Wiehnachten ume, wenn z Aarstette nide Märet gsi isch, het er d Vagantitis übercho. Däm Schlaumeier ischs doch ömel

52

jedesmol grote, i der Anstalt abzdäsele. Öppen eso i drei-vier Wirtschafte isch er goh gygele, für die hohli Hand chönne z mache. Es Möschtli und es Brönzli het er welle, und de isch er scho halb z fride gsi, het derby sys wysse Bockbärtli gstrychlet, am Schnouz ume gsüggelet und sälig vor ne ahne glächlet. Sys Konzärtprogramm isch nie grüüsli läng gsi. Zwöi Lieder hei jo glängt, s «Stille Nacht», solang er no nüechter gsi isch, und wenn denn i sym Hübel obe d Schnapstüüfeli agfange hei walzere, isch bym Kobi nume no eis Liedli Trumpf gsi: «O, du liebs Ängeli, Rosmarie Stängeli ...»

Fascht gäng isch er sälber wider em Chutze-bärg zue zuntlet, wenn er gnue Märet gha het. Ischs em nit i d Sinn cho, wo eigetli sys rächte Huuli isch, hei sie nem uf em Polizeiposchte ghulfe der Wäg sueche. Nit bösartig, ne-ne-ne-nei, der Wachtmeischter Hueber het syni Chunde scho bchönnt, und bsunders em Kobi het er gäng no chly guet welle.

Einisch, wo ne junge hässige Polizischt s Chüefermannli het müessen i d Anstalt zrugg-bringe und giftelet het, isch der Wachtmeisch-ter derzwüsche gfahre: «Worum so räss? Löht echs gseit sy, ass der de gäng no mit Mönsche z tue heit. Besser e Löffel Sirup, weder es Fass voll Essig! Das sell ech ou für s spötere Läben als Landjeger e Grundsatz sy!» ...

Mol am ene Novämberoben isch der Kobi nümme z tröschte gsi. Eine vo syne Zimmerkumpane, en uusbrönnte, lätzgnaglete Vagant, het em sys Muulgygeli z Chrutzen und z Fätze verschlage, wyl em d Musig ufs Gäder gäh het. Wär der unglücklig Musikant mit syner Gsundheit nit so schyter dra gsi, hätt er gwüss s Durebrönne gwogt. Was i vile uf em Chutzebärg der Schigg im rächte Muulegge, isch halt i Gottsname em Kobi s Muulgygeli gsi...

Item, der Wiehnachtsmäret isch ömel gly einisch agruckt. No vor em Zmorge isch der Kobi i sy dicki Chutte gschloffe und het wider chönnen abpfitze, der Tannewald ab, uf Umwäge. — Aber wie zu de paar Batze cho für sys Möschtli und Brönzli, wenn me kei Musig cha mache? — Der Chalberhändler Glutz het em im hindere Bintli es Chrütter loh gäh. Aber eben em Kobi ischs drum ou no ums Gygele gange. Syni zwöi Lieder het er doch wellen uufspile. Der Märet z Aarstette hätt gwüss gar nit chönnen abghalte wärde ohni s Galakonzärt vom Chutzbärger Chüefermeischter. Im ene Warehuus het er probiert vergäbe zum ene nöjie Muulgygeli z cho.

Aber d Ladetöchter, alls uufgstrübleti Güegi, hei ne nit rächt verstande oder nit welle verstoh. Die donners Zahnlücke hei nem eifach e böse Streich gspilt.

«Muhu-huul-Ghygeli hhhaaa!» . . . «Muhu-huul-Ghygeli hhhaaa!»

Ou by de Märetständen ischs em glych gange. Der Kobi hätt scho Musigghör gha, aber die andere nit. Bis jetz het er mit syne bald siebezg Johr nie öppis gstohle. Hüt hingäge hets em zuckt i der rächte Hand, und im Schwick het er bym ene Gänggelistand es schmals Muulgygeli abgstoubet gha. E Frou vom ene Stand näbedra het es Zeter und Mordio losgloh: «E Schelm!»

«E Schelm!» No zwo, drei meh derzue brüele noche! «E Schelm!»

Der Kobi het sys Instrumänt scho i der töife Chittelbuese versteckt gha. Ihrene drei Märetbrüeline hei ne packt wien e Schwärverbrächer und ne erläse. Druuf isch eine mit em uf e Polizeiposchten abe.

Der Wachtmeischter Hueber, wo grad Dienscht gha het, isch em Kobi sy Retter gsi. Wien e Pharisäer het der Märetbrüeli uuftrumpfet: «Bringen e Schelm, e Muulgyge het er mer gstohle!» . . .

«Hm-m . . . Hm-m . . .!» hüeschtelet der Wachtmeischter, «syt der zu Schade cho?»

«Nei, i ha se wider!» chräjit der Chläger.

Und der Hueber i syner ganze Rueh: «He nu, de chönnet der wider abfracke, zu euer Grämplerwar, i wirde scho fertig mit däm chlyne Sünder. S git dere wo meh verbroche hei i ihrem ganze Läbe. Was lueget dir mi no a wien en Ölgötz? Houets doch ou! ...» ,

Guldig dä Poschtechef, eifach guldig, e Mönschekönner, wie kei Zweute! Es chunnt em e ganz luschtigen Yfall. Der Kobi mit de vile Sprochfähler het wellen afo verzellen i syner nassen Ussproch. Aber do isch der gröscht Häxemeischter nit druus cho. — Der Wachtmeischter git em e Zettel i d Hand: «Do schryb mer es bitzeli uuf, was öppe gangen isch.» Der Kobi höcklet an e chlyne Tisch und chritzlet i syne zitterigen alte, düütsche Buechstabe häre: «Schlechter Hung in der Anstalt Muulgygeli kaputtet. Kann nicht mehr spillen. Habe immer um eines gebettlet, aber keines bekohmen. Darumm heute auf dem Markt eines gestollen ...»

«Es tuets, ... es tuets, Kobi! Jä, nei, bym Hageli, stähle darf me nit. Jetz muesch halt wider hei uf e Chutzebärg!» ...

Der Landjeger Lehme, ou eine, wo weiss, ass hinder jeder Hömmlisbruscht es Härz schloht, het der Kobi mit em Polizeiauto i d Anstalt zruggbrocht.

Em Wachtmeischter het druufabe no disers und däis z dänke gäh. Bsunders der Märetbrüeli, wo der Kobi uf e Poschte brocht het.

«Das isch doch der Heime Hänseli gsi, wo sälber gnue Dräck am Stäcke het mit syne zäh Vorstrofe. Jo, jo, settig chöme mer grad gschliffe! Grossplagöör ass er isch . . . Dä louft mer ou wider mol i d Finger.»

Am Obe het der Hueber das Gschichtli no zwene Polizischte verzellt, wo der Nachtdienscht aträtte hei, und ne ou s Protikoll vom Kobi zeigt. S isch derby gwüss allne prezis glych gange: Beduure hei sie gha mit däm Chuudermannli . . .

Uf e Heiligoben isch a Verwalter vo der Anstalt Chutzebärg es Päckli gschickt worde für e Kobi Solterma, Chüefer. Wie hei die gwässerigen Öigli e Glanz übercho, wo nes nigelnagelnöis Muulgygeli vüreschlüüft.

Sie heis gwüss guet gmeint uf em Poschte nide. Das Gschänk isch drum vo dört här cho. Me het ohni vil Wäses gsammlet, für em Kobi die gröschti Wiehnachtsfröid vo sym Läbe z mache. Der Verwalter het em Wachtmeischter Hueber sälber danket und i sym Brief aber nit chönne verchlömme: «Hoffentlich spielt Ihnen Kobi dann nur nicht zu oft zum Konzert auf in Aarstetten.» . . .

Es ganzes gschlages Johr isch der glücklig Musikant nümme vo der Anstalt ewägcho. Jetz het er jo alls gha. Aber am nöchschte Wiehnachtsmäret het ne do doch d Längizyt für abe wider packt. S Durebrönne isch dasmol nit nötig gsi. Der Verwalter Bärger het em en Urloubspass gäh, wyl er si guet ghalte het. Glücklig wien es Chind isch der Kobi mit

sym Muulgygeli i der Chittelbuese der Wald
ab. S Loufe isch em zwar nümme so ring gan-
gen, und s Schnuufe het em Müeh gmacht.
Item, z Aarstette isch wider mol Konzärt gsi
vom Musikus vom Chutzebärg. Und dä isch
ömel gäbig uf sy Rächnig cho . . .

Bym Poschtechef Hueber hets em sogar no
zun ere währschafte Ärbssuppe glängt mit
Gnagi drinne. Em guetmeinige Gaschtgäber
ischs aber nit ertrunne, ass der Kobi syt em
letschte Mol grüusli, grüüsli gleidet het. Die
wässerigen Öigli si chlyner worde und hei töif
inne chuum es bitzeli glänzt. Schneewyss hei d
Schläfehoor gschinne, und är sälber isch, me
cha scho säge, lybhaftig näbe de Chleider
gloffe.

«Was meinsch, Kobi, wei mer di ächt nit
lieber uf e Chutzebärg füehre. D Bise goht
hässig. S isch aber ou gar ufründlig chalt hüt,
me sett nit emol e Hund voruuse jage!» . . .

Aber üse Chüefer und Musikus het mit
beidne Händen abgwehrt.

«Ghhoo-hoht   schoo! . . .   Ghhoo-hoht
schoo! . . . i goh gä-härn wwwider ufe!» . . .

Der Wachtmeischter luegt em noh, wien er
abzuntlet. Ungäbig het ne d Bisen erhudlet.
Schier dure ne dure het sie gchuttet und gha-
guttet. Syni magere Schlotterbeinli si ganz
styf worde. Der Huet hets em wyt furt gwäjt
und am Bockbart hets Ischzäpfli gäh.

Bis zu der obere Brunnstube, nümme wyt vo der Anstalt ewägg, het ers no möge präschtiere, aber nochhär ischs fertig gsi mit em. An es Bördli isch er ghöcklet, wyl ne d Bei eifach nümme hei möge träge.

Uf em Polizeiposchte isch me nit glychgültig gsi. S het em Wachtmeischter kei Rueh gloh.

«Es Telefon uf e Chutzebärg, der Kobi syg de uf em Heiwäg, chönnt nüt schade!» Nos Huebers Rächnig hätt er guet by de Föife dure chönne zrugg sy. Derwylen ischs aber Sächsi worde, und d Anstaltsglogge het für d Härdöpfelsuppe glütet. Der Urloubsgänger het si no nüt gmäldet. D Huusmueter isch urüejig worde. Sie het nit lugg gloh, bis der Peter, eine vo de junge Praktikante, nach em Ässe uf e Wäg gangen isch, für nom Kobi goh z luege. Chuum es paar Meter im Wald nide höcklet dä arm vergütterlet Ghüderi am ene Wägbord, wie vo allne guete Geischter vergässe. Der Peter probiert ne zerscht uufzstelle und z stütze. Aber er muess gwahre, ass der Kobi eifach nümme mah. So nimmt er ne halt uf e Buggel. Es leids Hüüfeli Eländ! . . . D Verwalterslüt hei gly gmerkt, ass nit nume d Müedi, nei, no öppis anders umen isch. Kei Spur öppe vom ene Plöderli, wie me zerscht no vermuetet het! . . .

Der Dokter Grieder isch gäg de Zähne z

Nacht no mit eme schwär Chranke is Spital uf Aarstetten abe gfahre, wyl er gseh het, ass gar nit guet stoht. — E Lungen- und Bruschtfähl-entzündig! . . .

Wenn ou der Kobi für grad gar nüt meh im Stand gsi isch, aber für sys Muulgygeli het er si gwehrt mit syner letschte schytere Chraft. Wos em im Spital s Hömmli gwächslet hei, het er s Muulgygeli fescht i der rächte Hand bhaltet: «Ni-hit näh-hä! . . . Ni-hit-näh-hä, löht mer das!» het er gweeberet mit syner schwache Stimm . . .

Am Heiligobe hei d Schweschtere i allne Gänge Cherzen azündet. D Zimmertüre si wyt uufgmacht worde. Fyni Musig het afo töne mit de schönschten alte Lieder, ass die Chrankne hei müesse gsund wärde. Numen eine het si nümmen erbchymet . . . Mit em «Stille Nacht» i den Ohre und mit em Muul-gygeli i der magere, verchaltete Hand, isch der Chüefer-Kobi für immer sälig ygschlofe. Es Chrischtboumcherzli uf sym Nachttischli het mit eme letschte müede Schyn ufs fridlige, ver-klärte Gsicht zündet. Es fyns Lüftli vom off-ne Fänschter här het ou das . . . Liechtli . . . no mögen uusglösche. —

Sicher es unschynbars Läbe, aber für nes paar flotti Polizischte, wo no öppis anders bchönne weder druckti Paragraphe, nit ver-gässe. Der Wachtmeischter Hueber tuets nit

andersch: Jedes Johr i der Heilige Nacht,
wenn uf em Poschte für die, wo Dienscht hei,
es chlys Böimli azündet wird, heissts, «für e
Chüefer-Kobi sälig ou es Cherzli!» . . .

«Uns zu versühnen . . .»

Die erschte Schneestürm si übers Land yne cho. Me het fryli planget druuf, wyl eim die grüeni Wält im Advänt nit so rächt het wellen i Chratte passe. Nume der Bachtmätteler het z moffle gha derwäge, wyl ihn der Schnee schynts sturm gmacht het im obere Stübli . . .

Me isch am Heilig Obe grad byn ere währschafte Härdöpfelsuppe gsässe, wo der gross Bärnhardiner mit syr töife Ruristimm agäh het wie lätz. Ebe bringt der Mälcher no der Räschte Milch yne für i d Huushaltig. «Es stoht es verhürschtets Frouezimmer dusse», meint er, «wo yne wott.»

Der Bachmätteler fahrt uuf wie bsässe: «Hinecht gits de nüt vo Bsuech i üsem Huus. Mir hei a den eigne Lüte gnue!» . . .

Wo der Bärnhardiner nit wott hören agäh, goht der Meischter sälber use. Me ghörts dütlig bis i d Chuchi yne: «Aber nit du chunnsch hinecht zu üs. Du weisch es so guet wie mir, was du üs vor drüüne Johre anegmacht hesch. Gjagt hei mer di, hesch nüt meh z sueche do, bisch für üs vergässe!» . . .

«Ums Himmels wille!» foht d Meischteri a angschte, «s isch öppis Uguets! . . . Das . . . isch doch s Melanie a der Stimm a. I muess

63

goh luege. Nit am Heilig Obe tuet men öpper däwäg abbudle. S isch gnue, wenn s heilig Paar z Bethlehem allen Orte abgwimmlet worden isch.»

Sie goht use. Aber der Bachmätteler poletet ume lüter, s isch mit em beschte Wille kei Gnad überzcho by ihm.

«Chumm mer nümme zum Huus zue, süscht hix der no der Hund a!» . . . tönts lieblos i d Nacht use.

Der Meischter und d Frou chömen yne und . . . s Melanie muess wyters, . . . verschüpft, . . . verachtet, . . . ohni es Hei.

Jo, wär isch eigetli das Melanie gsi? En ehemaligi Pflegtochter vos Bachmättlers. S het si mit eme internierte Franzos ygloh im zwöite Wältchrieg, und wies eso goht, schynts die erschti rächti Liebi, . . . unerfahre, . . . blind. S Verhältnis isch nit ohne Folge blibe. Der Bachmätteler het dozmol das unglücklige Gschöpf vo einer Stund uf die anderi furtgjagt und em s Huus für Läbzyte verbotte . . .

Chly meh as drüü Johr hei d Meischterslüt weni oder nüt meh ghört von em. Öppe mol isch s Gred umegange, es syg is Frankrych, sym Mössiö Jacques nohgreiset; s Chind hets im ene Müeter- und Söiglingsheim chönnen uf d Wält bringe. Es weichhärzigs Handwärkerpaar het das arme unschuldige Würmli mit tuusig Fröiden adoptiert . . .

A däm Heilig Oben isch d Meischteri i der Bachmatt uf ene Wäg gschlage gsi. «Franz, hesch nit gseh, i der Feischteri, s isch bym Melanie wider so wyt . . . Hesch der öppis ufs Gwüsse glade. Weisch, me sett Lüt, wo süscht scho gnue z träge hei, ohni Boden under de Füesse, nit grad am heiligschte Tag im Johr so lieblos goh wägschicke. Fryli het s Melanie gfählt und üs vil Schand und Spott anegmacht im Dorf. Aber lueg, lyt der Fähler nit ou chly by üs, we me ganz uufrichtig wott sy. I ha mer das i dene drüü Johre hindertsi und vürsi überleit. Grad du, Franz, hesch em mol e Schlämperlig aghänkt, wos amen en Oben öppis vom ene Burscht verzellt het, wos gärn gsej und em gäng well warte. Hets vo üs mol Ufklärig übercho? . . . Hei mir ihm öppis über s ärnschtere Läbe gseit? . . . Nie! . . . nie! Sicher hei mer em ou nit die Liebi chönne gäh wie eme eigne Chind, und grad das hets doch müesse gspüre. Ass üs z letscht no Gäld gstohle het, für sym Internierte z hälfe, isch ou nit elei sy Schuld gsi. Mir heis vil z churz ghalte. Wos volljährig gsi isch, hei mir gäng no gmeint, me heigs mit eme Schüelermeitli ztue . . . Jo, es het do d Liebi gfunde, aber ebe, uf . . . versteckte . . ., gspässige Wäge» . . .

Mit em Bachmätteler isch aber gar nüt azfoh gsi. Sys Mitlyde het am ene chlynen Örtli

Platz gha. Wär sälber nit mit Liebi uufzoge worden isch, cha chuum im spötere Läbe öppis vo Härze wytersgäh. Rueh het er welle ha, Rueh, oder eben öppis lose, wo ihm i Chratte passt het.

Mit dere Rueh ischs aber nit wyt här gsi. S Melanie het vorusse doch öppis vom Guetmache gredt. Grad das isch der Meischteri gäng ume wider i d Sinne cho. Si het gchüschtet dra, der ganz Obe lang. By ihre het d Wiehnachtsstimmig kei Momänt welle cho, ou bym schönschte Liechterglanz nit.

S verschüpfte und verachtete Melanie hets derwyle ume früsch müessen erläbe, ass nit alli Lüt chönne vergässen und vergäh. Nume hets em welle schyne, no drüüne Johre hätt me chönnen es Gleich tue . . . Gschaffet hets jo für zwöi uf der Bachmatt und sy einzig Fähltritt het glängt für immer.

Äs i sym Zuestand, wie ou scho, het do aber die Abrüelerei vom früechere Pflegvatter grad gar nit vertreit und isch uf ene Wäg sälber fascht froh gsi, ass men em d Türe nit uufto het, für vilicht wider mol nöime rächt dürfe deheime z sy . . .

So ischs ume zrugg i d Feischteri mit eme zarte, unschuldige zwöite Läbe. Allpott hets em ganzi Schneewulchen is Gsicht gwäjit. I den Ougen isch es Brünne gläge. Die vertschieggete Schueh hei s Nassen ynegloh. Dur e verrippset, abgschossnig Mantel yne het d Bise gstoche. Chalti Füess, . . . e chalti, lieblosi Wält, es schwärs Härz, ellei, Hunger, Durscht und e blejigi Müedi, ass Gott erbarm, chly vil uf einisch! . . .

Uf eme Wehrstei bym Dorfbrunne zue muess s Melanie abhöckle, öbs will oder nit. Niemer achtet si uf das elände Hüüffeli Mönsch.

Froue pressiere mit ihrne letschte Gschänkpäckli hei. Heiteri, warmi Stube göh uf. Öppe mol treit der Wind es Gschmäckli von ere guete Suppe oder vo früsche Läbchueche dur d Dorfgass. De wider ghört me Chinder, wo s ganze Wiehnachtsglück dürfen erläbe. Und s Melanie? . . . Was isch das? E dunkli, schmali Gstalt chunnt ufs zue. S Emma! die liebi alti Arbeitsschuellehreri! Sie het no nes paar Kommissione gmacht und trifft es Hämpfeli Eländ a. S Melanie isch jo ou zu ihren i d Arbeitsschuel gange. Uf en erscht Blick könnt sies und weiss ou gly, was mit däm unglücklige Gschöpf los isch.

«I verwundere mi nüt, ass der Bachmätteler so härzlos cha sy. Dä het schynts as Bueb ou nit grad viel Liebs erläbt. Und jetz, Melanie, wo uus und ane?» . . .

Kei Antwort, bloss e Süüfzger, wo us der töifschte Seel usechunnt.

«So chumm, i Gottsname, . . . zu mir, chly

a d Heiteri und a d Wärmi. Ha grad früsche Gaffee gchouft by der Chrämerlisette. So nes Chacheli Warms tuet der sicher guet!» . . .

Jo, die verschüpfti Seel het wäger i de letschte drüü Johre meh erläbt as föifezwänzg Johr vorhär. Zletscht hets inere Hushaltig i der Stadt dienet und isch lybhaftig under d Reder grote.

As es Landmeitschi, und de no gäng churz ghalte, het äs s Stadtläbe mit syne Gfohre und Glägeheite nit vertreit. I der letschte Famili, wos dienet het, hets d Meischteri paar Tag vor der Wiehnacht bym Glette gfrogt, was s eigetli im Sinn heig, öbs nit lieber ines Heim syni Tage well goh abwarte. Vilicht si d Wort oder der Ton nit grad guet abgwooge gsi. Item, s Melanie het Gspänschter gseh derhinder und versteckti Vorwürf welle gspüre, wyls eigetli sy Zuestand lang probiert het zverlüügne . . .

E Churzschlusshandlig, es stellt sys Glettysen ab, goht is Dachchämmerli ufe, packt zäme und louft in ere verirrete Trotzstimmig eifach druus. Verrissni, ufgregti Wort sis gsi, wos syner Meischteri no by allem Goh anebängglet het: «I . . . gspüres wohl, . . . me het mi by der soziale Fürsorg verchlagt, . . . me luegt mer uuf, . . . me wott mi bevormunde! . . . I wirde schon elei fertig! Me het . . . mer . . . bis jetz . . . ou nie ghulfe!» . . .

So isch s Melanie vor der Wiehnachten

umenand ghuschteret zwüsche Verzwyflig, Trotz und wider Stolz, . . . bis ebe do by syner alten Arbeitsschuellehreri glandet isch, wos Halt und Liebi gfunde het. Es Chacheli heisse Gaffee, Züpfe, Hung und Anke, es paar farbigi Cherzli uf em Tisch, alls, was eigetli bruucht für z friden und dankbar z sy! D Jumpfer Emma isch glücklig gsi, ass sie es guets Wärk het dürfe tue. S isch ere gsi, si heig chuum einisch so ne schöne, gsägnete Heilig Oben erläbt . . .

No de Nüüne z Nacht si eismols verdächtigi Azeiche cho. D Jumpfer Emma isch hantli zum Doktor Studer übere, wo chuum par Minute von ere ewägg gwohnt het. Dä isch grad mit syner Famili bym Wiehnachte fyre gsi und muess nit weni stuune, worum me ihn rüeft. Gärn het er em verschüpfte Melanie welle hälfe. By ihm ischs e bschlossni Sach gsi: Is Spital uf Aarstetten übere. D Emma hätt zwar Platz gnue gha und wär eigetli bis z letscht gar nit dergäge gsi, wenn by ihren es Christchindli uf d Wält cho wär . . .

«Isch lieb von ech», meint der Dokter Studer, «aber lueget, s isch für alle Fäll besser, scho wäge der Pfleg. Vergässet nit, das Pärsönli isch gar schwach. S chönnt allerlei z gwärtige sy.»

D Emma isch vernünftig gnue gsi, für ufe Dokter z lose. Sie, es eifachs Fröilein, vo nochzue sibezg Johre, isch zu däm Melanie gstande, e lybhaftigi Mueter hätts nit besser chönne. Drum isch der Dokter ou nit usem Stuunen uscho, wo sie der wärdende Mueter mit ihrem eigne Chopfchüssi no der Rügge polschteret het ...

Churz vor de Zwölfe z Nacht isch s Chind uf d Wält cho. Aber, oheie! Das arme Würmli isch vil z schwach gsi zum Läbe. S Härzli het em verseit gha und s Melanie isch ou hert am Tod verby gange. No mörnderisch, am Wiehnachtstag sälber, ischs de öppe no gar nit übere Bärg gsi. Bym Pfarrer, wos isch cho bsueche, hets bittet und bättet, me möcht doch ihri früecheri Pflegmuetter lo cho, s heig dere no öppis Wichtigs abzgäh, für doch suubere Tisch chönne z mache ...

Die erschten Obeschatte si über Aarstetten yne cho, wo der Dokter Studer d Bachmattbüri derhär brocht het. Dere hets fascht s Härz abdrückt, wo sie s wächsige Gsicht töif i de wysse Chüssine gseht.

«Melanie, Melanie, mir hätte jo Platz gha für di, worum bisch nit eifach yne cho, ... Worum hesch nit graduse gseit, wies mit der stoht?» ... «I bi ... wohl ... do», huuchet s Melanie mit syner schwache müede Stimm, «und no ... wöhler ... wäri, wenn i dört häre chönnt, wo jetz mys Chind isch. Do, Frou Grueber, hanech no nes Briefli. Ha geschter welle cho guet mache, wyls Heilig Obe gsi isch und süscht ou no . . . Aber, der Meischter isch so grob gsi gäge mi, ass i froh gsi bi, wider zgoh. Das wägem Hund ahixen isch mer z Härze gange. I bi so erschrocke drab . . . und drum . . . isch allwäg ou s Chlyne . . .»

D Bachmätteler Frou schüttlets. Sie cha nüt meh weder s lötig Wasser briegge, nimmt der Brief us de schwache Fingere vom Melanie und goht zum Zimmer uus, wie wenn sie es Stück eiges Läbe zrugg gloh hätt.

Uf der Heifahrt isch by ihre numen *ei* Wunsch uf der Seel gläge: «Es muess si wider erbchyme, jetz darfs nit stärbe.»

Erscht deheime rupft sie der Brief uuf. Was chunnt vüre? E Hunderternoten und es Zetteli derby: «Was ich meinen Pflegeeltern vor drei Jahren veruntreut habe, um einem verfolgten Menschen zu helfen, gebe ich hier zurück mit der bescheidenen Hoffnung auf ein wenig Verzeihung.»

Das hingägen isch jetz aber em Bachmätteler ou ynegange. «Hejoo, s het glych none guete Chärne, Frou, was meinsch? . . .»

«Jo, Franz, i weiss, was de meinsch . . . Mir hei allwäg disers und däis guet z mache. So wie mer nächti ghandlet hei, dürfe mer nie voren ewig Richter stoh. Si mir eigetli no wärt, as Mönschen agluegt z wärde?» . . .

D Meischterslüt hei z Nacht allwäg nit mängi Stund gschlofe. Der Name Melanie het sie wachbhaltet, und vom Chilezyt hei sie gwüss jede Viertel ghört bambele. Gottefroh isch der Franz gsi, wo d Frou der Afang macht: «Du weisch was, mir näh die armi Hutte doch wider zu üs!» . . .

S Melanie het no nes Wyli müessen im Spital blybe. Und so mir nüt dir nüt ischs doch ou wider nit is Hei vo syne früechere Pflegeltere gange. Ou by ihm het das Wörtli vergässe no chly z chüschte gäh.

Nom Spital ischs no ne gueti Wuche by der Jumpfer Emma blibe. Die hets drum nit andersch to und het em gluegt und borget, ass wider zu Chraft cho isch. Erscht nochhär hets mit ere grossen Überwindig der Wäg wider hei — wie einisch — zu syne Pflegeltere gfunde. Me het em es suubers Zimmer mit nöjie blüemelete Tapete parat gha. — — —

Am Heilig Obe übers Johr het s Melanie Gottlob nit dusse bym Dorfbrunne fascht müessen ygschneit wäre. I der Stube uf der Bachmatt hets Verlobig gfyret mit em Hansruedi Fischer, em Meischterchnächt. Dä het em us eme guete Härz use gseit, wo d Minderwärtigkeitsgfüehl hei wellen übers junge früsche Glück cho Schatte legge: «Melanie, vergiss was hinde dra lyt. I ha di gärn, so wie du bisch!»

Bis Bachmättelers het me mängs Johr vor luuter Raggere und Schinte s Singe vergässe gha. A sälber Verlobig aber si die liebe alte Wiehnachtslieder wider z Ehre cho. Sogar der Meischter, dä Tröchni, het syni Lippe bewegt. Und wo me sälbi Wort gsunge het
«Christ ist erschienen,
uns zu versühnen»,
isch uf allne Gsichtere i der grosse Buurestuben öppis wien es schöns Erwarte gläge.

Der Rosenöpfelboum

«Thomas, jetz si mer es Johr verhürotet, hesch e Hoschtett wie kei Zwöiten im Dorf vom Vatter überno. Numen öppis fählt gäng no by dene schöne, suuber pflegte Böime.» . . .

«I weiss es, Regine, i gspür di wohl, e Rosenöpfelboum tät no dry passe. He nu, i wott dir der Gfalle gärn tue, hesch es meh weder verdienet. Ändi Wymonet muess i so oder so zum Geiser Fritz uf Bleibach ufe wägen es paar Haselstuude hinderem Hüehnerhuus, und de gohts mer grad im glyche zue. Du weisch es jo, i ha dürhar numen uf bsunderi Öpfelsorte gha, und i säg ders uufrichtig, uf settigi, wo nit jede Stuudezüchter het. So si mer eben ou d Röseler z plätzwys fascht nohglaufe. I jedem Böimelerkurs hei die, wo chuum en Öpfel- vom ene Bireboum hei chönnen underscheide, gäng zerscht vo de Rosenöpfel braschaueret, wie wenns nüt anders gäb . . . Hüt hingäge dänken ig jetz ou andersch. Me muess ebe nit i anderi Hoschtete yne welle goh schnöigge, wenn me sälber gnue z luege het.»

Wie gseit, der Thomas het im Spotherbscht Wort ghalte. Er isch derby fascht chly vom ene «Saulus zum Paulus» worde, wies i der

Bible heisst. Eismols isch es schnuusligs Rosen-
öpfelböimli zmitts i der Hoschtett hinde
gstande, mit eme Stämmli so suuber wie
gschläcket. Und me hets gspürt, ass dä, wo
Meischter isch, es guets Oug het uf dä nöi
Schützling . . . Der Bode muess em passt ha.
No zwöine Johre si uf die erschte Blüeschtli
ou die erschte paar rotbackigen Öpfel z glän-
ze cho. Gwüss noni mänge! Aber am Bättag
hei doch der Thomas und d Regine andächtig
die erschte dürfen ässe dervo. Und s isch ömel
der guete, junge Frou unschuldig use, ohni
ass sie öppe grad s Härz uf der Zunge gha
hätti: «Gäll, me chönnt eigetli ou Liebesöpfel
säge. Hesch der Boum jo mir z lieb
gsetzt.» . . .
Dä isch mit de Johren i schönscht Wuchs
cho, und s het eim welle schyne, der Himmel
heig bsunders es gnädigs Oug druuf.
Wo ei Herbscht e Basar gsi isch für nes nöis
Glüt im Dorf, het der Thomas zwe Chörb vo
dene prächtige Rosenöpfel gstiftet. Sogar d
Landfroue si derby zuegstande: «Eh, wie
schön, so styfs Obscht, rotbackig, wie jungi
Meitschi!» . . .
Aber ou im Advänt isch bys Rütihöfers
gäng es Chörbli voll Rosenöpfel uf em Stube-
tisch gstande. Eine het eim fründliger agla-
chet weder der ander. Und erscht a der Wieh-
nachte — es het eifach derzue ghört — si ou

am Chrischtboum es paar vo dene wunder-
schönen Öpfel ghanget. D Regine, d Büri, het
si nit appartig müesse poliere mit eme Samet-
plätz, sie hei der Glanz süscht scho gha, eben
wien es früsches Landmeitschi, wo me gar nüt
muess derzue tue. Jo, jo, dä Rosenöpfelboum
isch vo Johr zu Johr meh z Ehre cho, bsun-
ders ou spöter, wo s Rütihöfers Grosschind i
d Ferie cho si us der Stadt und ihres härzige
Ringeräjie-Spili gmacht hei drunder . . .

Bluescht oder Ärn, einerlei, der Boum isch
es Fläckli Paradis gsi und blibe, schier fascht
dur drei Generatione dure.

Wo s Grossmüeti scho uf em Chilchhof
uusgruejiet het und s ume Thomas ume ou
stiller worden isch, het der Röseler no dürfe
dostoh, für derfür z sorge, ass der Rütigross-
ätti nit ganz der Boden under de Füesse ver-
lore het. Dra ghanget isch er, wie am ene
Stück eignem Läbe. Me muess si derwäge
gwüss nit verwundere. He jo, scho under em
junge Böimli het em doch d Regine s erschte
Chind mol am ene Mejietag zum es bitzeli
Goumen i d Arme gleit: «Lue, Vatter, ou es
früsches Blüeschtli, vo mir gschänkt.»

Underem glyche schön gwachsne Boum
isch der Thomas spöter doch mänge Tag im
Ligistuehl gläge, won er abem Garbefueder
abe drohlet isch und es Bei broche het. Under
däm Boum het me der Brinzi, s Rütihöfers

tröi Sennehund, beärdigt, wo wägere wüeschte Vergiftig vo eim Tag ufen ander eländ het müessen ab der Wält. Underem alte Boum hei der Thomas und d Regine am guldige Hochzyt nander no einisch die gsägneti, verwärcheti Hand gäh. Es milds Lüftli het dozmol durs rötschelige Herbschtloub grüüschelet, und drei Wuche spöter — so gohts eben im Läbe — isch der Thomas, as brochnige Wittlig, hinder der Regine noh uf em letschte schwäre Gang der Chilchhoftüre zuegloufe. Das isch gwüss chly vil gsi uf einisch uf das schöne guldige Hochzyt abe: D Mueter gsund und tot ... e Härzschlag! ... Beidi hätte jo sauft non es paar Jöhrli im schönschte Fride chönne d Rueh gniessen im Stöckli näbem Rütihof zue. Aber ebe, der Herrgott het grüeft, für em Thomas elei non es Gnadefrischtli zgäh i syner Obesunne.

Fascht by jedem Wind und Wätter isch er d Hoschtett uusgstäcklet, no de Wasserschoss und em Mischtlechruut goh luegen a de Böime. Bym Röseler isch er gäng länger blybe stoh, und sy Jung, der Hansruedi, wo s Hefti scho syt paar Johren i de Hände gha hat, isch mängisch zum Wageschopf hindere gange für em goh nohzstuune: «Jo, jo, s isch guet, het der Vatter doch noch sy Boum, i weiss, ... i weiss bygoschtlige nit, ... er treit drum gar schwär as Mueters Tod.» ...

Aber göht, s het alls sy Zyt uf der Ärde . . .
So, wie der Rütigrossätti vo Monet zu Monet
raner worden isch und gschitteret het, isch ou
öppis i Rosenöpfelboum gfahre. Sälb grüüslig
Winter, wos wäge der grosse Chölti vil Böim
versprängt het, isch ou der Röseler zu sym
wüeschte Gnäggi cho. E breite Spalt im gsun-
de, suubere Stamm! . . . Fryli het der Hans-
ruedi e brave Reif drumgspannet, aber der Rö-
seler isch nümme rächt is Gleis cho. S Johr
druuf het er no so häb-chläb Loub treit, aber
Bluescht, oheie hei, wo isch der färnderig
Schnee! Im zwöite Johr s glyche truurige
Lied! . . . Der Studer Kasimir, der Boumwär-
ter z Buechrüti, wo vo der Gmein uus d Uf-
sicht gha het über alli Hoschtette, isch em
Hansruedi no der letschte Chäsgmein erbcho:
«Settisch de öppe luege, der Röseler macht si
nümmen appartig guet mit synen, abgstorbne
Dölder . . . Wenns mer rächt isch, treit er
gwüss s zwöite Johr scho nümme . . . Ver-
stoh mi rächt, Hansruedi, du weisch, wien igs
meine, es sell de jo nit öppen e Befähl
sy! . . .»
«Jo, jo, Kasimir, i weiss es scho, wie du das
meinsch. Aber ebe, der Vatter, lueg, es macht
mer grad Chummer, er hanget drum gar dra.
Vo mir uus wärs meh weder Zyt, d Bandsagi
und d Achs azsetze . . .»
Am ene nüechtelige, graue Novämbertag,

me isch grad so gäbig noche gsi mit der Arbet, het do doch der jung Meischter bym Znüni em Chnächt befohle: «Johann, chausch de nom Zmittag der Rosenöpfelboum umtue, s het gwüss kei Wärt meh, dä s nöchscht Johr ou no einisch z goume; er chunnt jo doch nümme z träge. I muess uf die Zwöi mit em Gmeinrot uf e Brunnerain übere wägeme nöj- ie Reservoir. Du hesch derwylen ömel de gä- big Zyt, bis i Stahl muesch!» . . . Der jung Rütihöfer het dä Befähl so mir nüt dir nüt usegloh und gar nit dra dänkt, as jo der Vat- ter im Chouschteggeli hinden ume muude- ret . . .

So by de halbe Zwöine duren isch der Chnächt a d Arbet i der Hoschtett hinde. Der- wylen ass er sy Bogepfyfe stopfet und drüber aben afoht mit em Bickel de Wurzle zueha, stoht eismols der alt Rütihöfer bynem zue. S Chini gwaggelet em und chyschterig, ganz vo unden ufe, us eme müede Härz chunnts: «Jo- hann, . . . do . . . befihlt . . . de . . . nit . . . my Jung! . . . Dä Boum . . . blybt mer . . . stoh, wiener isch! . . . No ei Schlag mit em Bickel . . . und de heiter der Rütihof gseh. Uf der Stell tuen ig . . . ech . . . uus- zahle und de chönnet dir euers Bünteli . . . packe!» . . .

«Aber, Meischter, es isch ech doch gwüss

nit Ärnscht: dä Boum treit jo radibudi nüt meh ab.»

«Heiligen Ärnscht ischs mer, Johann, und jetz . . . sägis zum letschte Mol: Packet euers Wärkzüüg zäme, wenn dir *mi* alte Ma . . . i syne letschte Johr . . . innedra nit weit träffe!» . . .

E Halbstund spöter het me der Chnächt gseh Wedele mache hinderem Spycher zue, fascht echly verhürschtet und i syner Seel inne liecht agschlage, usicher zwüsche Hammer und Amboss inne. Do der Meischter, dört sy Vatter, jedem wett ers rächt mache, är, wo scho meh as füfzäh Johr dienet uf em Rütihof . . .

Der junge Meischter muess nit weni stuune, won er bym Vernachte heizfahre chunnt und die toten Äscht vom Rosenöpfelboum vo wytems fascht schwarz und uheimelig gseht gägem Obehimmel geischtere. Der Moon luegt zwüsche zwone graue Schneewulche vüren und zündet mit syner Latärne ganz gspässig i di Grippelen yne vom Boum, wo nos Hansruedis Rächnig sett am Bode ligge.

. «Nüt cha me si hütigstags meh uf d Dienschte verloh! . . . Si d Chatzen us em Huus, tanze d Müüs. Wo isch dä Sapperlott vo Johann hüt wider umegflohneret. Däm will i de hingäge zeige was lands. I wott nit uusgspottet wärde, i tüe abgstorbni Böim züchten i mynere Hoschtett inne. Das ghört jo is Tierbuech!» . . .

Aber öb der Hansruedi sy Wuet am tröjie Chnächt cha uusloh, chunnt em der Vatter i d Queri: «Nit ass mer de em Johann gohsch goh ahänke wäg em Boum. I hanem der Finger ufgha. Wenn i de einisch by der Mueter nide bi, chasch de mynetwäge my Röseler bodige, . . wenn er dir sett im Wäg sy. Loh ders gseit sy, Hansruedi, dä Boum blybt stoh. Es rüehrt mer keine, weder du no der Johann, en Achs oder e Sagi a derwäge. Das goht süscht a mys March. Wenn my Säge wottsch ha, . . . nu guet, . . . bsinn di rächt!» . . .

Der alt Rütihöfer isch verstande worde. Wäg em Rosenöpfelboum isch keis Stärbeswörtli meh gredt worde.

«Wenn dä em Vatter sy letschti Fröid sell sy, nu so de», meint der jung Meischter zum Johann, «so darf me nit andersch, weder si lyde und de gschyde Böimeler ihre Värs über üsi Hoschtett loh!» . . .

Derwylen isch Advänt worde. S erscht Mol hets ghörig abegschneit. Aber der Schnee het chuum paar Tag Blybis gha. I de nöchschte Tage hets afo föhne und gspässig warm ischs worde. D Waseplätze, wo vo de giftige Ryfen im Spotherbscht fascht wie verbrönnt gsi si, hei eismols afo gruene wie im Merzen usse. D Forsizien i de Gärte hei Läben übercho.

Schüüchi gäli Blüeschtli hei vüregüggelet wie jungi Vögeli zum Näscht uus. Fascht jede Tag isch i der Zytig gstande:

«Launen der Natur!» . . .

«Blühender Kirschbaum mitten im Winter!» . . .

Näbe dene gspässige Nachrichte si aber ou vil Todesanzeige gstande. Chränkligi Lüt, me weiss es jo, möge settigi kurligi Wätterluune nit guet präschtiere. Was me bym alte Rütivatter i de letschte Tage gwahret het, isch nit öppe grad gfröit gsi. Syni Bräschte si grüüsligi Ploggeischter worde. Won er ei Morge nit zu der Röschti chunnt und druuf s Chacheli Gaffee uf sym Nachttischli chuum arüehrt, wirds de Junge klar, ass do allwäg es längs, gsägnets Läben am Verlösche isch. I de nöchschte Tage het gäng öpper müesse bym Grossätti wache. Der zwänzgischt Chrischtmonet isch e glarige Tag gsi mit ere gspässige Wärmi, wie wenn der Früehlig i der Nöchi wär. Alls andere, nume kei Advänts- und Wiehnachtsstimmig. Der Chnächt isch i der Hoschtett hinden am Thomasmähl- und Chalchströjie gsi. Er chunnt nümme zum Stuunen use, won er eismols am Rosenöpfelboum es Zwygli mit Blüescht gwahret. Der Verstand stoht em fascht still. Fryli ischs e si der Wärt, em junge Meischter goh z rüefe, für em das Wunder z zeige. Ou der jung Rütihöfer findet chuum die rächte Wort derzue: «Isch das möglig, mönschemöglig, im Chrischtmonet!»...

Der Hansruedi mit syne längen Arme mag ganz guet a under Ascht ufeglänge und bricht eiswägs das Dölderli mit em Bluescht ab, treits andächtig wie ne usgrabne Schatz hei is Chrankezimmer. Der Rütivatter isch grad es bitzeli ygnückt gsi und wider erwachet, won em sy Jung das früsche Bluescht uf die Dechi leit: «Lueg, Vatter, vom Rosenöpfelboum, zmitts im Winter! Isch das nit es Wunder?»...

Die trüeben Ouge vo däm, wo sy Seel nach achzg gsunde Johren em Herrgott wider möcht zruggäh, chöme nomol e schwache, müede Glanz über, und uf syne schmale, ygfallne Lippe blybt es glückligs, milds Lächle zrugg. Vo däm Ougeblick a isch er rüejiger worde...

Am Heiligobe, wo i der Buurestuben ähne für die zapplige, ungeduldige Chind d Cherzli am Boum azündet worde si, isch em Rütigrossvatter sys schwache Läbe i syner letschte Fröid näbem unzytigen Öpfelbluescht, wo me no einisch i früsches Wasser ygstellt gha het, still verlösche...

Wo der Lychewage zwe Tag no der Wiehnachte ufem holperige Charwäg vor em länge, schwarze Zug em Dorf zue gyret het, hei zwe mit füechten Ouge nom abgsärblete Rosenöpfelboum müesse luege: der jung Rütihöfer und sy Chnächt . . .

Uf e Sylväschter het s Wätter ghörig umgschlage. Wo me is Rütihöfers Stube z Nacht no d Danksagig für en Amtsanzeiger ufgsetzt het, isch dussen e grüüslige Schneesturm losgange, Ziegel het me ghört chläfele, und i der Hoschtett hinde hei d Böim gstöhnet, ass eim dur March und Bei dure gangen isch . . .

Am Nöijohr, wos agfange het tage und es gspässigs Morgerot i paar verirrete Schneewulchen es verzouberets Mänteli umghänkt het, ischs vor em Stüblisfänschter gäg der Hoschtett zue heiter worde . . . Es troschtloses Luege! . . . Wüescht muess über Nacht gchrisaschtet ha. Zäntume abgmorxti Äscht i de häregwäjite Schneehüüffen inne. Nöimen e grossi Lücke! . . . Was isch das? — Der Rosenöpfelboum lyt am Bode. D Wurzle luege schwarz und fascht wie Gspänschter em glarige Nöijohrshimmel zue. Jo, e Wuche no het ers möge präschtiere, dä Boum, wo mit eme verlöschne Mönscheläbe dur ne starke guldige Fade verhängt gsi isch . . .

S Chrischtchind

Es chlys Vorwort.

D Schweschter Ruth vom Roseheim het mer i ihrer fründlige Art gseit, i dürf die Gschicht, wo vom Afang bis as Änd puurluuteri Wohret isch, wyterverzelle. —

Gar nit öppe, wyls no anderi Gschäft gha het z erledige, isch d Armekommission vo Niderbach eismols, fascht unzytig zämegrüeft worde.

«Myni Heere, so goths nümme!» foht der Presidänt a, dezidiert wie no nie. «Süscht hei mer denn es Familiedrama uf em Gwüsse. Dir könnet gwüssi Zytige, wo nume i Skandale umerüehre und vo der schmutzige Wösch läbe. I wett de bym Donner nit, ass üsi Gmein i der ganze Schwyz ume as asozial und abrahämisch umegschleipft würd. Dir wüsset wäge was mer hüt z rede hei. Es goht hous oder stächs um d Famili Steiner im Oberdorf. Es längt, es sich gnue Höi dunde!»

«Jo, und das isch s!» pflichte alli Kommissionsmitglieder by. Für vier Chind im Alter vo föif, sibe, nüün und zäh Johre hei Pflegplätz müesse gsuecht wärde. Wäg vo dene Lottereltere, lieber scho vo eim Tag uf en ander. E himmeltruurigi Zueversicht! Beidi schnapse und möschtle, ass kei Gattig het. D Chind im höchschte Grad verwahrlost, abgmageret, verfotzlet!

Eigetli wäre bym Zivilstandsamt acht Steinerchind ytreit gsi, aber vieri dervo si, chuum rächt uf der Wält, gstorbe, besser gseit, gar nit vürcho, nit läbesfähig gsi.

Paar Tage no dere churze aber radikale Sitzig si die arme vier Würmli, wo met het wellen am Läbe bhalte, versorget gsi. Vo däm Momänt a hei si der Vatter und d Mueter no ganz loh gheie. Statt probiere, as anders Läben azfoh, hei sie — vilicht us eme Trotz use — no ärger uufdräjt mit uflätig tue. Mit de Betrybige isch gly d Pfandsteigerig cho. Me cha säge, vo A bis Z isch das Paar im Sinn vom Wort verlumpet. Und jetz hei si afoh händle zäme. Sie mit eme blauen Oug, är mit eme grüüslige Horn uf der Stirne vom ene Stuehlbei här. D Lüt im Dorf hei uufgschnuufet, wo ume gredt worden isch, s Steiner sygen uuf und druus em Jura zue. Eis do, eis dört häre. «Aber nit as du mer no einisch under d Ouge chunnsch!» heig är ihre schynts no nochepfäfferet.

Wie gseit, die vier Chind hei eismols a ihrne Pflegplätzen afoh uuftoue. Numen ebe s Jüngschte, s Theresli, s Föifjährige isch e bsundere Fall gsi. No keis Wort het s gredt, verschwyge loufe. Sogar s Ässe het däm arme

Hudeli müessen yglöffelet wärde. Sälte het s syni himmelblauen Ouge es birebitzeli bewegt. Gar niemer, wo das Chind mol gseh het, isch sicher gsi, öbs am Änd nit no blind — halbblind chönnti sy. Aber, es bildhübsches Wäse, wie Wachs und mit länge guldblonde Locke, fascht wie im Märli. Aber ebe d Pfleg. Müehsam! —

E jungi, chinderlosi Frou, vom enen Outo-unglück här halb lahm, het e Zytlang probiert, em Theresli d Mueter z ersetze. Aber do derzue het ebe d Chraft nit glängt, uf d Duur scho gar nit. D Närve si durebrönnt. Wo d Familiefürsorgere, s Fröilein Hofer, isch cho luege, wie s öppe göh, isch sie in e Miseren ynetrampet. Statt e Pflegmueter isch es verbrieggets, verzwyflets Wäse vor an ere gstande, — am Rand, erlediget. Nöji Problem, e nöjie Chummer! —

D Fürsorgere het kei anderen Uuswäg meh gseh, weder by der Schweschter Ruth, ere guldige Seel, im Roseheim, goh azchlopfe. D Schweschter Ruth het drum es ganzes Tschüppeli so Chind uufgnoh, wo im Hirni nit ganz rächt gsi sy, lahm, ou es paar Mongoloidi. Gottlob, ei Platz wär also no frei gsi. Me het müesse handle.

Nit wyt vo däm Roseheim isch e Grossunggle gwohnt vom Theresli, und wo däh vernoh het, dass das arme Gschöpf dört cha uufgnoh wärde, het är as glehrten alte Schryner e wunderschöni Wiege zimmeret und isch am Obe, öbs Theresli härebrocht worden isch, der Schweschter Ruth das ganz bsundere Gschänk goh bringe, ebe für sys Grossnichteli.

Im Roseheim isch mörnderisch ei Fröid gsi! Die Chind, wo chly hei chönnen umestöffele und es bitzeli Verstand gha hei, si fescht im Gloube gsi, i die Wiege chöm jetze s Chrischtchind. D Schweschter Ruth und d Pflegerinne hei ou sälber fascht an es Wunder afoh gloube.

E prächtige Mejietag isch s gsi. D Chind hei Blueme gsuecht i der Hoschtett hinde und die ganzi Wiege, wo vorusse parat gstanden isch, verchränzlet.

Dure Nomittag isch s Fröilein Hofer, d Fürsorgere mit ihrem gälen Opel süüferli cho z fahre. Im Roseheim isch alls zum Hüüsli uus gsi. Meh as vierzg Chind hei s Chrischtchind erwartet, zmitts im Mejie! Und scho gly isch s Theresli töif i de Blueme gläge. Das Bild! Derwyle, dass d Fürsorgere dinne mit der Schwester Ruth s «Administrative» erlediget het, hei d Chind ihres Outo ou no grad verchränzlet. So öppis isch ihren im Läbe doch no nie begägnet.

Vo jetzt a isch der Name Theresli nume no uf em Papier gstande. Jede Tag si Roseheimchinder zu der Wiege gange und hei das

Gschöpfli mit de himmelblauen Ouge und de guldblonde Locken agstuunet. Vo dere Wiegen uus isch öppis wien e gschänkte Fride im ganze Huus umegange. Und das hätt s Chind us ere verwahrloste, verachtete Taglöhnerfamilie selle sy! — Eir Chinderpflegere, em Fröilein Martha, isch s Chrischtchind i churze paar Tage bsunders as Härz gwachse gsi. Spot am Obe, wo s eim gschine het, s ganze Heim dösi scho im Schlof, isch s Fröilein Martha der Schweschter Ruth go ahalte, sie sell ihre s Theresli ganz i d Pfleg gäh. Sie well alls für s tue, alls mit em probiere.

«Gärn, Fröilein Martha, wenn dir do drinnen e bsunderi Uufgab gsejt, so schänket däm Chind eui ganzi Liebi, mir chas nume rächt sy. — I bi froh.»

Vo denn a isch d Wiege vom Theresli satt näbem Bett vom Fröilein Martha gstande. Mueter isch sie worde, lybhaftigi Mueter! Me chas nit beschrybe, was ihren alls dur e Chopf gangen isch, wenn s Chind näben ihre zue z Nacht lysli der Ote zoge het.

Jetz, wo der Advänt still is Roseheim cho isch, het me d Chind zytewys fascht nümme vo der Wiege wägbrocht. Erscht rächt isch s Theresli zum Chrischtchind worde. Syni Gspahne hein em Tannezwyge, Nüss mit Silberpapier überzoge, Grittibänze und Läbchueche vom Samichlaustag här i d Wiege gleit. Aber immer isch s glych do gläge und het fascht chuum es Glied grüehrt. D Pflegerinne hei sech mängisch gfrogt: «Gseht s es ächt ou? . . . Chas die vili Liebi, wo s überchunnt, ou gspüre?» . . . Aber ebe, s Gheimnis isch Gheimnis blibe. Bhüetis, die vile Chind hei gar nit dernoh gfrogt. Si hei ihres Chrischtchind so gnoh wie s gsi isch.

E Wuche vor Wiehnachten isch s chrank worde. Afoh fiebere hets. «E liechti Angina», meint der Dokter Egger, «sicher nit bös». —

Aber gchummeret het me glych um das zarte Läbe. Richtig, es het si gly wider erbchymet gha. Uf e heilig Obe rächt styf zwäg. Me hätt di Fröid selle gseh. D Schweschter Ruth und s Fröilein Martha hei s guete Znacht fascht chuum abe brocht.

Jetz hei d Cherzen afo brünne, s Ässzimmer vo de Chind isch i eim puurluutere Glanz gsi. Und dänket, vore, under em grosse Chrischtboum isch d Wiege vom Theresli gstande. Im Roseheim het me das no nie erläbt, dass d Chind und die Erwachsne d Gschänk vergässe hei. Ebe vor luuter Stuune wägem läbige Chrischtchind! Der Cherzeschyn het si i de blauen Ouge vom Theresli gspieglet. Derby het s wie gäng, keis Glid verrüehrt. Immer nume der glych gstoche Blick gägem Boum. E bsundere heilig Obe, wie chuum nöimen uf der Wält . . .

Ufs Mol, grad wo die letschti Cherzen am Verlöschen ume gmacht het, hei sech d Ouge vom Theresli afoh bewege. Paarmol linggs und rächts hets afoh güggele. Und das dürfe z gseh, isch s schönschte Wiehnachtserläbnis gsi.

«Fröilein Martha fröjiet ech!», yferet d Schweschter Ruth, «jetz wüsse mer s aber sicher, s Chind isch nit blind!» Mörnderisch, a der Wiehnachte sälber, muess im Roseheim gwüss fascht e Stimmig gsi sy wie sälb Mol z Bethlehem. Nit luut isch s zue und här gange. Aber e stilli, töifi Fröid isch uf allne Gsichter gläge. Nüt isch ghändlet worde, keis Uwort!

Fryli hets dusse ghörig afoh yschneie und der Wind het um alli Eggen ume ghornet. Früehner weder süscht isch s Nacht worde. Es Wyli het s eim welle schyne, ou dinne by de Chind syg nümme die Heiteri do wie am Obe vorhär. Isch s nit e vilicht en Ahnig gsi uf öppis anders? . . . Me weiss es nit.

Wo s Fröilein Martha gäg de Sächse d Wiege vom Theresli nomel zum Chrischtboum vüre wott stelle, trifft se fascht der Schlag. Was muess si gseh, s Chind lyt mit brochnen Ougen i de Chüssi, . . . tot! E so mir nüt dir nüt eifach nümme do. S Fröilein Martha springt zu der Schweschter Ruth i d Arme, i der Seel inne verrisse. Es Wort isch es Wort. Für sie isch e ganzi Wält undergange. Numen ebe, d Schweschter Ruth, mit ihrer grossen Erfahrig, vo mänger Krise under ihrer Chinderschar gwitziget, fürchtet noni grad für s Schlimmschte. Gfasset und ohni Ufregig will sie zerscht em Fröilein Martha no zuerede: «Wird nit sy! Das Chind isch sicher wider in ere liechten Ohnmacht, wie denn wo s d Angina gha het. Bsinnet er ech no, ou denn si syni Ouge gsi wie broche.» No nie isch allwäg der Dokter Egger so tifig vo Steibrunnen ufe z fahre cho. Er lüpft d Achsle, luegt s läblose Theresli a, luegt i d Ouge vo der Schweschter Ruth und vo de Pflegerinne, wo ganz gschlage by der Wiege zue stöh. Ou är stoht vor eme Rätsel: «I cha mer s eifach nit vorstelle, fryli chönnts e liechti Ohnmacht sy, chönntet rächt ha Schweschter Ruth. Mir probiere mit eme Koraminsprützli, luege, — öb — s Härz — doch wider well.» Gar nüt wott er verspilt gäh. Und — was isch das? — s Härz foht wider liecht a chlopfe, der Puls goht für nes Wyli wider, aber er setzt wider uus, chunnt nomol, setzt wider uus und jetz für ganz. — Für immer! . . .

Duuch leit der Doktor Egger der Schweschter Ruth d Hand uf d Achsle. «Leider — leider, s isch nüt meh z welle, s Theresli isch nümmen under üs. Tröschte möcht ech und alli Chind, aber das isch nit liecht.» . . .

Die grossi schwäri Uufgab isch wien e

schwarzi Wand cho. Wie das allne dene Chind säge? Hin und här isch gwäärweiset worde. Jedi Idee het wider müesse verschlage wärde.

«Das cha me nit so säge!»

«Nei, so gohts nit!»

Aber grad em Fröilein Martha, wo am meischte z träge gha het, isch der rächt Gedanke z rächter Zyt cho.

«Wüsset dir was, Schweschter Ruth, mir säge de Chind eifach, der Liebgott heig jetz us em Theresli hüt es rächts Chrischtchind gmacht am schönschte Tag vom Johr.»

Uf dä Wäg isch s ou gange. D Chind het s weniger hert troffe.

I dene drei Tage, wo s Theresli tot im Roseheim glägen isch, het s eim dunkt, d Chind heige schier s Rede verlehrt. Sie hei nand öppe bloss mol zuegchüschelet: «Pst, s Chrischtchind nit störe.» Keis het müesse zrächtgwise wärde. Und de erscht no Chind, wo jo fascht schwachsinnig gsi si — ömel paari dervo.

Der Schweschter Ruth isch s vo Afang klar gsi, s Chind muess i sym Dorf, dört wo s här cho isch, beärdiget wärde.

Aber Vatter und Mueter, wo die sueche und ne der Bricht gäh! — Der Gmeinschryber vo Niderbach, wo ou no grad Zivilstandsbeamte gsi isch, het d Schweschter Ruth, won em schier het müessen underefüüre, zerscht agchnurret wien e Bärner Sennehund.

Jo, wäg em Grab, do well er nüt säge. Es ghör si, ass s Chind dört beärdiget wärdi, wo s armegnössig syg. Aber mit Vatter und Mueter well er de grad gar nüt meh z tue ha. Settigi himmeltruurigi Fahriwar syg em zwider bis dört und ähnen ume. Uf Umwäge heig me nüt weder Läschtereie ghört über d Gmein. As Vagante wärde d Gemeinröt und der Presidänt vo der Armekommission schynts im ganze Jura ume verbrüelet.

«Ne-nei, Schweschter Ruth, löht die lätzgnagleti War wo sie isch. Was hei die Zwöi scho a ihrem Chind verlore. Nüt, gar nüt. Was sell me dene no goh prichte! Und überhoupt, me weiss jo gar nit, i welem Egge ass jedes umefägiert.»

Potz, potz, mit settigne Uusrede isch der Gmeinschryber by der Schweschter Ruth a die lätzi Adrässe cho. «Herr Gmeinschryber, i beharre druffe, dass Vatter und Mueter häre müesse. I ha myni ganz bsundere Gründ, won i für mi möcht bhalte.»

«Stärnemillione, Schweschter, as was lueget dir mi eigetli a? . . . I bi kei Hampelma. Was i entschide ha, han i entschide und dermit paschta! Das Pack chunnt mer nümmen is Dorf!»

«Nu guet, Herr Gmeinschryber, de goht me halt is Rothuus, ufs Polizeikommando. Isch denn üsi Schwyz so gross, so unändlig wytläufig, ass me nit emol zwöi verirreti Mönschli cha uuffinde? Es goht um d Ornig.» Wohl jetz het der Gmeinschryber d Milch abegäh.

«Also, Schweschter, wenn der s ums Tüüfels weit ha, wott i luege. *Dir* chönnet ech de schäme, wenn d Gmein en Aff uselüpft. So sicher ass i do stoh, die wärde niemols cho» . . .

Item, Vatter und Mueter si ringer gsi z finde, weder as der Gmeinschryber i syner stierige Ufbegährerei gmeint het.

Am Samschtig no der Wiehnachten isch d Beärdigung agseit gsi uf die Ölfi am Vormittag. Churz vorhär hei sie die beide verzütterete Schof im Gmeinshuus gmäldet. Keis hätt fryli em anderen e Blick gäh, verschwygen es Wort. No glych verbooret und borniert. Der Gmeinschryber het inne dra scho triumphiert und druuf planget, für der Schweschter Ruth um d Nasen ume z rybe, ass är denn rächt gha heig mit syner Prognose. E halb Stund spöter si nes paar dunkli Gstalten uf em Chilchhof um e wyss Toteboum umegstande. Vom Roseheim d Schweschter Ruth und s Fröilein Martha, zwe Gmeinröt vo Niderbach, der rabouzig Gmeinschryber und wie gseit, Vatter und Mueter vom Chind. As letschten isch der Pfarrer Probscht no dur e gfrornig Schnee derhär cho.

Dä guet alt Philosoph vo Pfarrer i syner Silbermähne het wider einisch gredt, wie wenn er vor ere ganze Gmein aträte wär. Wie gmeisslet si syni Wort gsi. Wenn me Vatter und Mueter vom Chind agluegt het, isch s eim fryli vorcho, der Pfarrer redi an e Wand ahne. Steiner hei si jo gheisse und wie versteineret si sie dogstande. Wohl aber jetzt isch gloubi doch eismols e gwüssne Trotz überwunde gsi. I däm Momänt, wo die beide Gmeinröt der Toteboum uufnähme für zum offne Grab zgoh, fohts d Frou Steiner nume so afoh schüttle. Verrissni Wort chöme, meh usebrüelet weder gredt.

«Himmel-himmel-truurig, . . . no . . . meh . . . Chind — Chind vo — mir — si — do beärdiget.» Sie goht schnuerstracks uf e alt Pfarrheer zue, rysst en am Arm näben ume und brüelet em öppis i d Ohren. Dene, wo derby si, schynts doch, dass d Mueter ihres Chind doch nit so mir nüt dir nüt wott loh beärdige.

Der Pfarrer git dene Manne s Zeiche, no z warte, redt halbluut öppis, aber die schüttle nume gspässig ihri Chöpf. Jetz goht er zu der Schweschter Ruth. Um syni Lippen ume zuckts und i syni silberige länge Hoore zitterets.

«Loset, Schweschter Ruth, s isch öppis derzwüsche cho, s isch vilicht Gotteswille, —

d Mueter wott ihres Chind no gseh. Die beide Heere Gmeinröt bringes nit fertig, der Toteboum abzdecke. Miechs euch öppis uus, der Frou Steiner ihres Chind z zeige. Aber säget, isch s nit z spot?»

«Herr Pfarrer, es isch nie z spot», huuchet d Schweschter. Ob sie hei wellen oder nit, die Heere Gmeinröt hei d Schruuben am Toteboum müesse löse und d Schweschter Ruth, ohni die gringschti Uufregig, bsorget no der Räschte. Und jetz gseih sie alli nomol s Chrischtchind vom Roseheim so früsch, wie wenns nume tät schlofe, ybettet i schneewysse Winteraschtere und Tannechris. Die guldblonde Locke wunderschön uusgstrählt uf die grossi und letschti Reis. Es Aluege! Do gits keini Wort meh derfür! —

Vo däm Momänt a muess i der Mueter Steiner doch öppis vorgange sy, wo me nie troumt hätt.

Nümme verhacketi Wort si s, wo sie uf s tote Chind yneredt. Murb und glöst tönts: «Theresli, gäll, mir wei vo jetz a alli wider bynander blybe, der Vatter, d Regula, der Röbi und s Susann, weisch, dir — z lieb.» . . .

Am Pfingschtmäntig — s übernöchscht Johr druuf — isch d Schweschter Ruth für paar Tag an es stills Plätzli am Vierwaldstättersee gfahre. Wo sie am Bahnhof uf e Luzärner Zug wott umstyge, hüschtet e schlanki

Frou i de mittlere Johren uf sie zue und redt ganz überstellig uf sen yne: «Schweschter Ruth — Schweschter Ruth! — Gället, i bin e Undankbari! — Nie han ech gschribe! — Nie bin i zuen ech cho! Aber i hätt mit em beschte Wille eifach nit chönne. S isch z vil gsi uf einisch» . . .

«Jää, wär syt dir eigetli?» cha d Schweschter äntlige die luuti Frou zum Gschweige bringe.

«I bi doch d Mueter vom Theresli, d Frou Steiner vo Niderbach, und lueget dört ähne, uf em Lötschbärgperron stöh my Ma und d Chind. Mir fahre hüt is Wallis. Der Ma het drum uf em Guetsbetrib von ere chemische Fabrigg e gueti Stell übercho. Dänket, dänket, Schweschter, das Glück! Alls, alls liebermänt wägem Theresli. S Chind het üs dur sy Tod wider zämbebrocht.»

Ganz übernoh git d Schweschter Ruth der Frou Steiner d Hand: «I hätt ech gwüss nümme bchönnt. Fröit mi jetz aber das für euch und eui Famili. Gottlob! Gället, es muess halt ebe mängisch öppis bsunders gscheh.» Derby muschteret d Schweschter die überglückligi Frou, wo so ganz en anderi worden isch. Nümme mit ere Schnapsfahne zum Muul uus, nümme mit schmuslige Chleider und vertschienggette Schueh. Suuber, ou inne dra wider suuber! Im Glychgwicht! . . .

D Schweschter muess ystige. «Jo, jo, Frou Steiner, ou mir im Roseheim hei s Theresli, s Chrischtchind, nit vergässe. Es läbt wyters!»

Der Guldhamschter

Der erscht Sunndig im Advänt wär afange z Änd gsi. Am Mändig druuf isch s i der Schuel by dene Bueben und Meitschi scho ghörig wiehnächtelig zue und här gange. Die meischte hei scho lang voruus gewüsst, was undere Chrischtboum chunnt. Bsunders d Buebe hei a der Pouse no zweni gha für alls uufzzelle. Zwüschem schriftlige Rächnen und Uufsatz inne si do und dört d Chöpf gäge hindere, vüre und uf d Syte gheltet worde. Der Lehrer Meyer het meh weder einisch müesse mahne, was eigetli ou los syg hüt. Öb sie no ni gnue gha heigen am Samschtig Nomittag und am ganze Sunndig. Aber was wott me, wenn die jungi War däwäg elektrisch isch vor luuter Vorfröid.

Eim Bueb hingägen isch s by dere Fägnäschterei gspässig z Muet worde. Ihm het s jedesmol e Stich gäh, wenn er öppis het chönnen uufschnappe.

«Uuu, der Vatter chouft mer e Märklin!»

«I chumen es chlys Labor über» . . .

«My Vatter chunnt mit mer chon es Paar Schi uusläse.»

«Der Götti het mer färn es Paar Schlyfschueh versproche» . . .

«Jo, das isch no alls nüt, i chumen en elektrische Bouchaschten über.»

Uf em Heiwäg vo der Schuel isch s im glyche Täxt wyter gange.

Aber, säget, was isch denn das für ne Bueb gsi, wo so gar nüt z verzelle gha het, quasi s föift Rad am Wage? Gäng paar Schritt hinde noh! Der Philipp Kramer! . . . E blonde Chruseler, mit himmelblauen Ouge wien e German. Mit ihm isch kei Vatter i Chäller abe goh baschtle. Kei Vatter wär mit ihm i Wald use. Är, der Viertklässler wär ou parat gsi, so ne luschtige Vatter z ha, fascht so öppis wien e Kamerad.

Scho syt paar Monete si öppe dere vo der Klass cho gwundere: «Du, Philipp, wo isch eigetli dy Vatter?» . . .

«Du, Philipp, worum chunnt dy Vatter nie zu dir hei?»

«Isch s der nit z längwylig, gäng der Mueter am Rock z hange?»

«Chasch du eigetli ou baschtle?»

«Weisch, wie men es elektrisch s Lüti cha yrichte?»

Wenn der Philipp so mit Frogen überrumplet worden isch, het s ne hei zoge. Tifig abgwidlet isch er und het beidi Ohre verha. Deheimen e lääri Wohnig, gar nit öppen altvätterisch, ne-nei! Nöji Klubsässle, e ganz apartigi Ottomane. Mängisch het er sy Chopf is gstickte Chüssi yne bohret mit eme gspässige Würgen im Hals. Us ere verrissne Buebeseel use si verhacketi Süüfzger z schiesse cho.

«Anderi hei e Vatter, wo all Obe hei chunnt. I hätt ou| eine, aber i darf ne nie gseh . . . Nie chäm er cho luege!»

Kei Stei, kei Box, kei Schutt vom ene händelsüchtige Kamerad hätten em meh weh to weder allpott die Helkereie.

«Gäll, dy Père frogt der nüt dernoh.»

«Das isch no eine, . . . so eine hesch du!»

Was het der Philipp welle derzue säge, ass wägloufen und mängisch luut usebrüele.

Es isch ebe durs Band ewäg so: dört, wo s nit gyget zwüsche Frou und Ma, si s d Chind, wo müesse lyde drunder. Mit schäbige Phärisäerouge wärde sie bsunders vo den Erwachsene gmuschteret und schreeg aglotzt. Bueben und Meitschi schnappen uuf, was deheimen am Tisch breitgschlage wird. S Volksgricht wüetet, verurteilt blind us Vermuetigen use. Mit sibemol verdräjite Gschichte wird mängisch us ere Muggen en Elefant härezouberet. Das het ou üse Viertklässler, der Philipp Kramer meh weder gnue z gspüren übercho. Geislezwick si s gsi.

Vor sibezäh Moneten isch er mit syner Mueter vo der Stadt uf s Land use züglet uf Rächtlinge. Sie het ghoffet, der Bueb chöm im Dorf zu guete Gspahne, ass er nit gäng so elei müess sy. Aber bhüetis! So tifig isch das Pflänzli öppe de gar nit agwachse. Z lang elei Bueb, fascht wien e Erwachsne läbe! Druuf eismols e ganz anderi Wält! Nei, so schnäll schiesse d Prüüssen nit is Füür, wie me früecher öppe gseit het.

Item, d Mueter isch i der einzige Fabrigg z Rächtlinge Diräktionssekretärin worde. Mit ihrne vier Frömdsprochen und de erscht no ganz pärfäkt, het sie kei Müeh gha, ne gueti Stell z finde. Ihre Bueb isch si vo ganz chly uf gwohnet gsi, vil eleini z si. Suppe mache, Gaffee aschütte, Milch erwelle, das isch ihm gläge, wie chuum öppis. Choch well er wärde ime ne grosse vornähme Hotäl z Amerika oder z Afrika, het er der Mueter mängisch i eim Yfer vordoziert, wenn sie ne grüehmt het, was für ne Tüchtigen ass er syg i der Chuchi. Vilicht wär em Philipp s Läbe no ringer gange, wenn er si am Oben uf ne Vatter hätt chönne fröie. I däm Kapitel isch er bis jetz im Ugwüsse gloh worde. Fryli het em d Mueter s Nötige gseit. Öppe das, was e Buebeseel ohni Schade cha verchrafte.

So isch eben über s Kapitel Vatter z Rächtlinge vil gmungglet und zämegspunne worde under de Lüte. Der Philipp het s wohl gspürt, wenn er öppen i Chrämerladen isch goh Ovomaltine, Suppekonsärven und Gries reiche, wien e d Lüüt gspässig agluegt hei.

Item, der Bueb hätt jo scho ne Vatter gha, aber eben under d Ouge wär er em nie cho. E vornähme Ma muess er gsi sy. He jo, ne Maschine-Ingenieur in ere grosse Fabrigg i der Oschtschwyz.

Öppe mol si Päckli cho, aber ganz eso gspässigi Sache, wo der Philipp chuum öppis het chönnen afoh dermit. Är as Tiernarr hätt lieber mit Meersöili, Hamschter und Kanarievögel tschärmiziert weder mit Bouchäschte. S Läben isch für ihn süscht scho fröschtelig gnue gsi und jetz no so chalti, toti Spilsache, nei . . .

Einisch am enen Obe, wo der Bueb gchäret het, er wett eifach gärn es Tierli ha, es syg glych, was für eis, het em d Mueter chly meh vo sym Vatter verzellt. «Lueg Philipp, es Tierli chönne mir nit guet ha i üser Wohnig. Der Huusmeischter het s i Mietvertrag yne gnoh: ‹Tierhaltung nicht erwünscht› .»

«Aber Mueter, wenn der Vatter einisch chäm, dürfti vilicht.» . . .

«Du guete Philipp du, wenn er chäm, . . . jo, ebe, wenn er einisch chäm.» . . .

«Aber worum denn nit?»

«Lueg, Philipp, di Vatter und i si nit ghürotet zäme. Verlobt si mer gsi, jo. Aber mir hei i dere Zyt meh ghändlet zäme, weder öppis anders gmacht. Und, vo däm Ougeblick a, wo dy Vatter gwüsst het, ass i Mueter wirde, isch er no böser worde mit mer.

Am ene strube Frytig, i weiss es no ganz genau, bin i eismols vom ene Fürspräch z Züri ussen uufbote worde und dä Fürspräch het mer müesse säge, ass de nüt gäb vom ene Hochzyt. Dy Vatter heig Angscht, er chönn mit mir nit im Fride läbe, i syg chrank im Hirni und das gäb numen e wüeschti Händlerei es Läbe lang.»

«Jii, Mueter, dä Wüescht, du bisch jo die liebschti und schönschti Frou wo s git», hänkt der Bueb ganz dezidiert y.

«Das seisch du, Philipp, aber grad dy Vatter het nie wellen as Guete gloube. So hei mer nander ebe nit ghürotet. — Vilicht isch s besser so. Nu, guet, so ne schlächte Kärli isch dy Vatter denn ou wider nit. Weisch, er zahlt jede Monet e schöne Batze für di.»

«Aha, Mueter, drum bringt der Briefträger albe Gäld.»

«Präzis, Philipp! Weisch, i bin em eigetli hüt nümme bös. I ha jo *dii*.»

«I ha jo dii», mit dene Worten i den Ohren isch der Bueb sälb Obe z friden ygschlofe. Vo denn a het ou der Philipp nüt meh wyters gfrogt. Sy Mueter het em mit Schyn die rächti Antwort gäh. —

E Wuche vor Wiehnachte — am ene Samschtig isch s gsi — bringt der Pöschteler en

Äxprässbrief grad so um e Mittag ume. D Gärschtesuppe mit de Schwynswürschtli dämpft e so agmächelig. Aber vo Ässe isch einschtwylen e kei Red. Ganz närvös und ghuschterig rupft d Mueter s Couvert uuf. Der Philipp loht keis Oug ab ere. Er gwahret, wie re der Puls am Hals usöd hämmeret. Das chan er gäng denn gseh, wenn d Mueter öppis het, wo sie i Gusel bringt.

Sie flügt mit ihrnen Ouge nume so über e Brief ewäg. S Papier i der Hand zitteret wien es aspigs Loub . . . Jetz leit sie der Brief uf e Tisch, luegt a d Stubelampen ufe.

«So öppis!» . . .

«So öppis!»

«Was sell das sy? So öppis?», gwunderet der Bueb.

«Loh mer non en Ougeblick, Philipp, i säg ders de.» . . .

Aber dä dopplet noche: «Jetz wott is wüsse, Mueter, . . . jetz, nit erscht morn oder übermorn.»

«Philipp, morn weisch es de vo sälber und de erscht no z grächtem. Dänk, der Vatter chunnt morn uf Aarstette. Scho am zäh vor Zähni müesse mer uf em Bahnhof sy.»

Der Bueb wird chrydewyss, er cha gwüss für ne Rung nüt säge.

Beidi schwyge . . — S het ou der Mueter mit Schyn d Sproch verschlage.

Mörnderisch gohts mit em erschte Poscht-
outo uf Aarstetten übere. Der Schybewüscher
louft im Akkord. Es hudlet i eim yne. Schwä-
ri, nassi, gchläberigi Schneeflocke, ganzi Fät-
ze wirble, me gseht chuum paar Meter wyt.
Em Philipp gfallt das. Er isch so rächt im Ele-
mänt. Redt und redt uf d Mueter yne.

«Gsehsch dört, lueg dört, hee, gsehsch es
denn nit!»

Jo, d Mueter het wäger Müeh, ihrem Enthu-
siascht uf alls en Antwort parat z ha.

I der «Chrone» z Aarstetten isch me zersch
währschaft goh Zmorgen ässe, Hung het s
gäh, Orangschemarmelade, Chäs und frü-
schen Anke. Gchnuschperigi Züpfe! Härz,
was wottsch no meh! Der Philipp isch yne
gläge wien e Dröscher. Das het der Mueter
wättersguet gfalle. Fryli sin ere by däm Zmor-
ge allergattig für Vermuetige und Froge dur e
Chopf gjagt. Aber sie het guet chönne Ver-
steckis mache und alls innen abe verwärche.

«Der Bueb sell si fröjie, i man em s gönne»,
dänkt sie und luegt allpott uf d Uhr.

Bezyte si sie uf em Bahnhof vor em erschte
Perron gstande. Und scho gly tönts us em
Luutsprächer dur die ganzi Halle dure!

«Achtung, auf Geleise eins fährt der
Schnellzug von Zürich ein! Reisende nach
Lausanne und Genf bitte ganz vorne einstei-
gen!» . . .

Der Philipp wird ganz zapplig und scho chunnt der Zug cho z schnüze mit em grosse Gheimnis.

«Bchönnsch nen ächt no, Mueter, wenn er uusstygt?»

«I weiss halt nit», git sie em Philipp fascht chly verhürschtet zrugg. Sie tänzerlet mit ihrne liechte Stögelischuehne und dräjt si verläge uf em rächten Absatz ume.

Hei, wie gixe d Brämse! Vo einer Radachs här sprätzle sogar Funke. Die Lüüt, die Lüüt, wo do uusstyge! Wo chömen ou alli här? . . .

D Mueter luegt gäge hinderen und gäge vüre. Es gramslet uf em Perron wie im ene Ameisihuufe. Langsam verzieht si der Rummel. Liebespäärli hange nander a. Übermüetigi Chind gumpen a Grossvatter und a d Grossmueter ufe wie Hundeli. Es goht an es Grüessen und an es Händschüttle. Vo wyt hinde toucht e noble Heer uuf mit eme heitergraue Fischgrotmantel.

«Philipp, dört chunnt er!»

«Jo, es isch ne!»

«Bisch sicher Mueter, ganz sicher?» . . .

Chuum e halbi Minute spöter isch die ganzi gspässigi Famili bynander. Der Vatter lächlet verläge, hüeschtelet öppis und d Mueter ou. Der Bueb muschteret dä Ma, wo sy Vatter sett sy, vo zoberscht bis zunderscht. D Schläfehoor si liecht grau gspriglet. Das gfallt em Philipp.

Dezidiert meint der Vatter: «Mir wei i Tierpark use.»

Em Philipp het s gwüss fascht öppis gäh.

«I Tierpark! — Juhui, i fröjie mi!»

«Göh mer e Plätz wyt mit em Omnibus», frogt d Mueter schüüch.

«O, i wett gwüss fascht lieber loufe», hänkt der Vatter y.

«Me wird jo ganz gstabelig by so re länge Bahnfahrt.» . . .

Dur d Louben ab wird no chly gschoufänschterlet. Em Philipp fallts uuf, wie der Vatter gäng by de Möbelläden am längschte blybt stoh. Fryli wird nit vil gredt. Vo der grosse Stadtchile het s grad ölfi gschlage, wo das Trio im Tierpark glandet isch. Der Bueb gwahret, ass der Vatter allwäg d Tier grüüsli gärn muess ha. Eeee, wie het dä by den Elche, by de Hirsche zäntume chönne flattiere. Gwüss für jedes Wäse het er es guets Wort gha.

I dere wunderbare früsche Luft het s Hunger gäh. Ou do isch der Vatter gwüss nit gchnouserig gsi. I der Wirtschaft «Tierpark» isch men im ene heimeligen Egge gsässe. Zmitts uf em Tisch isch e prächtigi Schale gstande mit wyss gesprütztem Tannchris und ere wunderbare rote Cherze.

«Das git so rächt Wiehnachtsstimmig», meint der Vatter.

«Philipp, won i so ne Bueb gsi bi wie du, het üsi Mueter deheimen ou gäng so schön dekoriert im Advänt. Weisch, so öppis vergisst me halt syner Läbtig nümme, . . . es blybt eim.»

Jetz wird e fyni Yloufsuppe serviert. Drüber abe chöme gchnusperig bacheti Forälle mit Salzhärdöpfel und Sunnewürbelsalot. Zum Dessärt gits Schwarzwäldertorte. Der Philipp muess immer wider sy Vatter, jo, sy Vatter, won er hüt s erscht Mol gseht, vo der Syten aluege. Potz, wie dä schön isst! Nüt do vo schlabere und mit em Mässer yneschuufle. En aständige, vornähme Ma!

Derby dänkt der Philipp aber ou drüber noh, wie anderi Buebe ihre Vatter jede Tag i der Nöchi dürfe ha. Und är? Vilicht nume hüt! . . .

Nomittag so gäge de Zwöine isch eismols e milchigi Sunne zwüsche de graue Schneewulche dure gschloffe. Der Wald im Tierpark isch s reinschte Märli worde. Ganz naarlochtig si d Eichhörnli uf de Tannen ume gumpet. Allpott isch e Fläre Schnee vo den Äschten abezwirbelet. Em Philipp isch ömel ou so ne verlorne wysse Fätze i der rote Zöttelichappe blybe bhange. Ganz tuubetänzig worden isch der Bueb, wo me im Vivarium inne, em Huus

113

mit de chlyne Tier, ume gloffen isch. Wie versteineret stoht er eismols vor ere Hamschterchefi.

«Mueter, Vatter, lueget wie luschtig! Lueget wie schön, e Guldhamschter! O, so eine wett i halt ou emol!»

«Du guete Philipp du, weisch es doch, dass mir keini Tier sette ha wägem Huusmeischter», dämpft d Mueter em Bueb sys übersüünige Tue.

«Waas? Keini Tier?» redt der Vatter fascht unglöibig dry.

«Das isch mer no ne Huusmeischter das, wo d Tier nit mag lyde! E härzlose Fäger das!»

Früehcher weder süscht het s a däm Sunndig afoh nachte. E luschtige Schneeflocketanz dur d Gasse z Aarstette. Und erscht die Liechter! I der Houptgass si grossi Stärne ghanget. Alls ei Glanz! In ere Wuchen isch Wiehnachte. Me gwahrets, me gspürts. No de Sibne fahrt der Zug. Der Vatter het em Philipp bym Bahnhofkiosk no nes Tierbuech gchouft. «Kennst du mich?»

Fascht uf d Minute gnau isch der Zug vo Lausanne här ygfahre. Lang hei der Vatter und d Mueter nand by der Hand gha, derwyle dass der Philipp ganz yfrig i sym Buech ume bletteret het.

Wo der Zug abgfahren isch, si der Bueb

und d Mueter no lang uf em Perron gstande und hei gwunke, gwunke und no einisch gwunke. No s Schlussliecht und alls isch läär, wider läär, verby? ... vergange? ...

A der Wiehnachte isch s em Philipp gsi, d Mueter syg nit so still und truurig wie färn und vorfärn. Der ganz Tag het sie um ihri Muuleggen ume es heimligs Lächle gha. S isch em aber ou uufgfalle, ass sie vor em Heilig Obe meh Kommissione gmacht het weder süscht.

Nomittag no der Viere lütets dusse. D Mueter springt uuf und wär stoht under der Türe? Der Vatter! — lybhaftig der Vatter! mit ere Chrätze! — E Guldhamschter drinne.

«Lueg do, Philipp, dä ghört dir!»

«Aber Vatter, mir dürfe jo keini Tierli ha.»

«Loh das my Chummer sy, Philipp, i wirde de scho einig mit em Huusmeischter. Und überhoupt chunnsch jetz denn gly ne Huusmeischter über, wo d Tier ou gärn het, wart nume!»

Gly het me Znacht gässe und so um die Achti ume isch der Chrischtboum i einer Pracht dogstande. Nit numen im Philipp syni Ouge, nei, ou em Guldhamschter syni schwarze Gufechnopföigli hei glänzt. Jetz macht der Bueb eismols d Chrätzen uuf und sy nöi Gspahne chläderet em über syni schmale Händ übere. Es chutzelet ne ganz, nei es elektrisiert ne schier. Vor em Chrischtboum stöh Vatter und Mueter. Jedes steckt em anderen e Ring a Finger.

Der Philipp weiss nit, troumt er oder isch s wohr.

Der Vatter und d Mueter rede drum Sache zäme, won er no nie ghört het.

Erscht zwe Tag no der Wiehnachten isch der Vatter wider abgreiset. Aber nümme für so lang. Scho am Sylväschter isch er wider cho . . .

No de Ferie het der Philipp syni Kameraden i der Schuel loh plagiere hindertsi und vürsi.

«Gäbet dir nume höch a, i ha jetz ou e Vatter, nit nume dir», pänglet er i der grosse Pouse i paarnen a.

«Mi Vatter macht de nit so nes Gstürm mit Redli und Motore. D Tier het er gärn und das isch vil meh wärt.» . . .

Im Märze hei der Vatter und d Mueter Hochzyt gha. Die nöji Famili isch uf Aarstette züglet, wyl der Vatter dört in ere Maschinefabrigg technische Diräkter worden isch.

Stolz isch der Philipp uf em vordere Sitz vom Zügelwage gsässe, — näbem Chauffeur zue — mit der Chrätzen uf der Schoss mit em luschtige Guldhamschter.

So näbeby het no paarne Tage d Mueter zum Philipp gseit:

«Weisch, vilicht isch grad der Guldhamsch-
ter gschuld, ass du äntligen ou e Vatter
hesch.»

Das grosse Beat Jäggi Buchprogramm aus dem Habegger Verlag

Värsli und Gschichtli für Kinder:

Freud im Huus
Gedichte zum Vorlesen oder Aufsagen durch unsere Kleinen
Liechtli im Dezämber
Eine Fundgrube an Weihnachtsgedichten für alle Altersstufen
Värse für jedes Fäscht
Kurze und längere Verse zum Aufsagen an Familienfesten
En Igelfamilie
Verserzählung von den Erlebnissen eines unfolgsamen Igelkindes
Der Fröscheprinz
Eine Froschgeschichte in Versen voller wunderbarer Abenteuer
Mir lose zue. Märchen voll phantastisch aufregender
und wunderbarer Ereignisse
Loset Chinder
Acht Märchen zum Vorlesen oder auch zum freien Erzählen
Juhui, es Gschichtli
Abenteuerliche Geschichten von Kindern und Tieren
Guet Nacht mys Chind
Geschichten zum Erzählen vor dem Einschlafen
s Mueti verzellt, Zwerge, Hamster, Eichhörnchen und Blumen
bevölkern diese Märchen
Chumm is Märliland, Märchen für Kinder von heute
Verzell no öppis, Kindergeschichten voller Spannung

Gedichte und Novellen für Erwachsene:

Under de Stärne
Gedichte als tröstlich-weise Lebenssprüche zum Nachdenken
Tautröpfli
Gedichte, dem Lebensrhythmus von Freud und Leid nachspürend
Säg jo zum Läbe, Gedichte, die von Wahrheit, Ehrlichkeit und
Lebensbejahung sprechen
S grosse Glück, Gedichte für junge Mütter
So isch s Läbe, Ernste und heitere Erzählungen aus Stadt und Land
Em Liecht entgäge
Advents- und Weihnachtsgeschichten für besinnliche Stunden
Chlyni Wunder
Novellen aus der Weihnachtszeit, die voller Wunder ist
Schwärs und Liechts
Sechs Erzählungen aus der Vergangenheit und Gegenwart
Niemer springt über sy Schatte
Lebensnahe Geschichten über Probleme von heute
Heiteri Moral, Humor und Lebensweisheit
Begägnige
Erzählungen von heute, voll der Problematik unseres Alltags
Erfahrige, Geschichten zum Nachdenken
Spure, Lebensnahe, packende Erzählungen
Chumm hei, Beat Jäggis Vermächtnis zu seinem 70. Geburtstag:
Gedichte aus dem Kreislauf des Lebens